Cálculo de prestaciones de la Seguridad Social

Ester Chicano Tejada

ic editorial

Cálculo de prestaciones de la Seguridad Social
© Ester Chicano Tejada

1ª Edición

© IC Editorial, 2024

Editado por: IC Editorial
c/ Cueva de Viera, 2, Local 3
Centro Negocios CADI
29200 Antequera (Málaga)
Teléfono: 952 70 60 04
Fax: 952 84 55 03
Correo electrónico: iceditorial@iceditorial.com
Internet: www.iceditorial.com

ISBN: 978-84-1184-290-7
Depósito Legal: MA 1576-2024

Impresión: PODiPrint
Impreso en Andalucía – España

Nota de la editorial: IC Editorial pertenece a Innovación y Cualificación S. L.

Presentación del manual

El **Certificado de Profesionalidad** es el instrumento de acreditación, en el ámbito de la Administración laboral, de las cualificaciones profesionales del Catálogo Nacional de Cualificaciones Profesionales adquiridas a través de procesos formativos o del proceso de reconocimiento de la experiencia laboral y de vías no formales de formación.

El elemento mínimo acreditable es la **Unidad de Competencia.** La suma de las acreditaciones de las unidades de competencia conforma la acreditación de la competencia general.

Una **Unidad de Competencia** se define como una agrupación de tareas productivas específica que realiza el profesional. Las diferentes unidades de competencia de un certificado de profesionalidad conforman la **Competencia General,** definiendo el conjunto de conocimientos y capacidades que permiten el ejercicio de una actividad profesional determinada.

Cada **Unidad de Competencia** lleva asociado un **Módulo Formativo,** donde se describe la formación necesaria para adquirir esa **Unidad de Competencia,** pudiendo dividirse en **Unidades Formativas.**

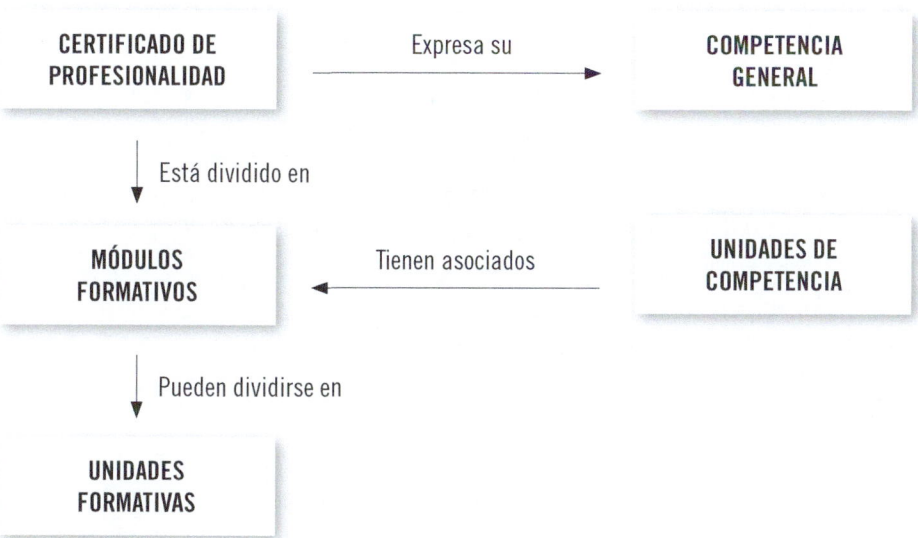

El presente manual desarrolla la Unidad Formativa **UF0342: Cálculo de prestaciones de la Seguridad Social,**

perteneciente al Módulo Formativo **MF0237_3: Gestión administrativa de las Relaciones Laborales,**

asociado a la unidad de competencia **UCO237_3: Realizar la gestión y control administrativo de recursos humanos,**

del Certificado de Profesionalidad **Gestión integrada de Recursos Humanos.**

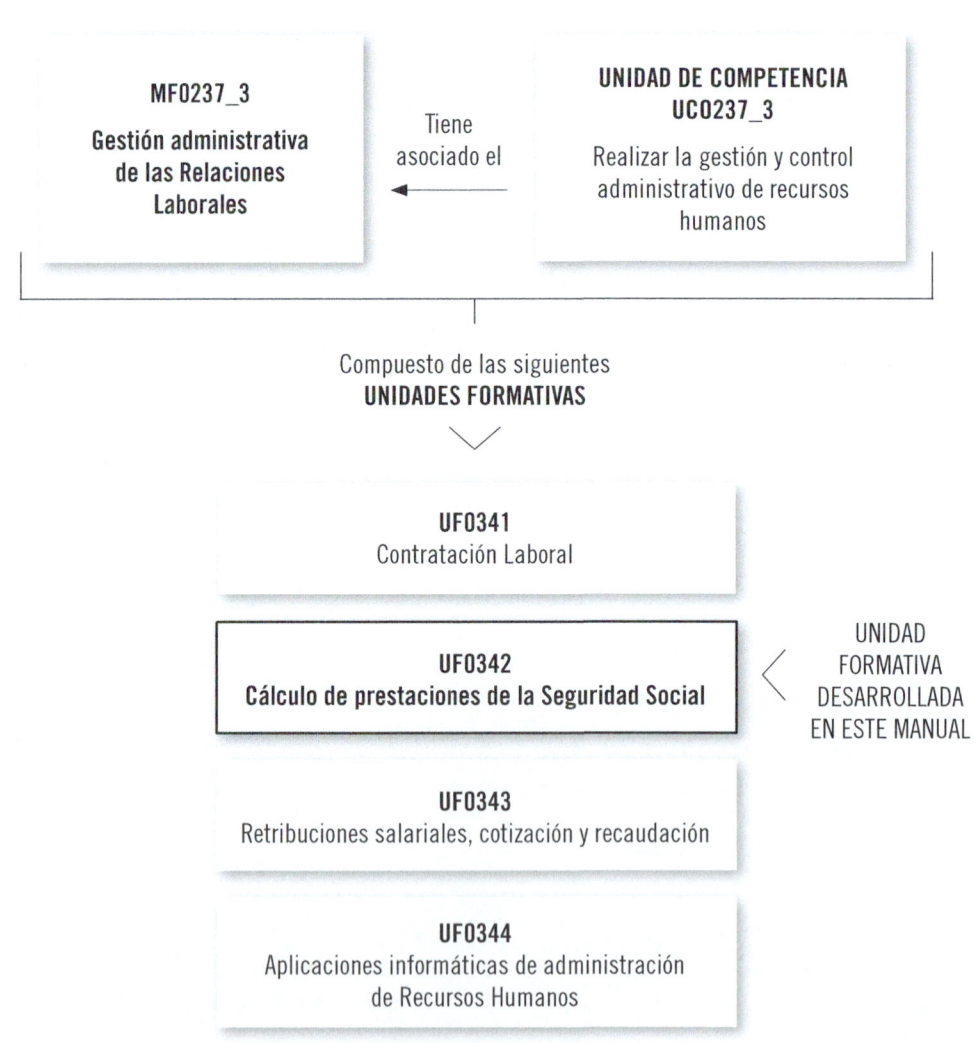

FICHA DE CERTIFICADO DE PROFESIONALIDAD

(ADGD0208) GESTIÓN INTEGRADA DE RECURSOS HUMANOS (R. D. 1210/2009, de 17 de julio, modificado por el R. D. 645/2011, de 9 de mayo)

COMPETENCIA GENERAL: Realizar la gestión administrativa de las actividades vinculadas a la administración de recursos humanos y de la información derivada en el marco de una organización, de acuerdo con los objetivos marcados, las normas internas establecidas y la legislación vigente.

Cualificación profesional de referencia		Unidades de competencia	Ocupaciones o puestos de trabajo relacionados:
ADG084_3 ADMINISTRACIÓN DE RECURSOS HUMANOS (R. D. 295/2004, modificado por R. D. 107/2008, de 1 de febrero)	UC0237_3	Realizar la gestión y control administrativo de recursos humanos	• 2412.001.4 Técnico superior de Recursos Humanos, en general • 2912.001.9 Técnico medio en Relaciones Laborales • 4011.003.5 Administrativo de personal • Administrativo del departamento de Recursos Humanos • Responsable de personal en PYME • Gestor de nóminas • Técnico de Recursos Humanos
	UC0238_3	Realizar el apoyo administrativo a las tareas de selección, formación y desarrollo de recursos humanos	
	UC0987_3	Administrar los sistemas de información y archivo en soporte convencional e informático	
	UC0233_2	Manejar aplicaciones ofimáticas en la gestión de la información y la documentación	

Correspondencia con el Catálogo Modular de Formación Profesional

Módulos certificado	Unidades formativas	Horas
MF0237_3: Gestión administrativa de las relaciones laborales	UF0341: Contratación Laboral	60
	UF0342: Cálculo de prestaciones de la Seguridad Social	30
	UF0343: Retribuciones salariales, cotización y recaudación	90
	UF0344: Aplicaciones informáticas de administración de Recursos Humanos	30
MF0238_3: Gestión de Recursos Humanos	UF0345: Apoyo administrativo a la gestión de Recursos Humanos	60
	UF0346: Comunicación efectiva y trabajo en equipo	60
	UF0044: Función del mando intermedio en la Prevención de Riesgos Laborales	30
MF0987_3: Gestión de sistemas de información y archivo	UF0347: Sistemas de archivo y clasificación de documentos	30
	UF0348: Utilización de las bases de datos relaciones en el sistema de gestión y almacenamiento de datos	90
MF0233_2: Ofimática	UF0319: Sistema operativo, búsqueda de la información: Internet/Intranet y correo electrónico	30
	UF0320: Aplicaciones informáticas de tratamiento de textos	30
	UF0321: Aplicaciones informáticas de hojas de cálculo	50
	UF0322: Aplicaciones informáticas de bases de datos relacionales	50
	UF0323: Aplicaciones informáticas para presentaciones: gráficas de información	30
MP0078: Módulo de prácticas profesionales no laborales		120

Índice

Capítulo 1
Acción protectora de la Seguridad Social

Contenido

1. Introducción

La Constitución, ley suprema en España, ya establece la obligación por parte de los poderes públicos de mantener un régimen público de Seguridad Social para todos los ciudadanos que garantice el acceso a la asistencia y a prestaciones sociales en casos de necesidad.

Así, se creó el sistema de la Seguridad Social para garantizar la salud pública y que todo ciudadano tuviese derecho a una serie de servicios básicos, siendo los más importantes el acceso a la sanidad y a determinadas prestaciones en caso de encontrarse en situación de necesidad.

Además, debido a los cambios sociales producidos a finales del siglo XX e inicios de este, la legislación que regula el sistema de la Seguridad Social y el acceso a sus servicios y prestaciones ha requerido una cierta adaptación a la situación actual de la sociedad española y a las nuevas circunstancias en las que se encuentran tanto los trabajadores como los ciudadanos en general.

En este capítulo se tratarán las diferentes formas a través de las cuales la Seguridad Social lleva a cabo su acción protectora y las distintas prestaciones a las que tienen derecho los ciudadanos atendiendo a su situación personal, familiar y laboral.

2. Tipos de acción protectora

La Constitución española, ley suprema del ordenamiento jurídico español, establece en su artículo 41 lo siguiente:

> *Los poderes públicos mantendrán un régimen público de Seguridad Social para todos los ciudadanos que garanticen la asistencia y prestaciones sociales suficientes ante situaciones de necesidad, especialmente en caso de desempleo. La asistencia y prestaciones complementarias serán libres.*

Así, deben ser el poder político y los agentes e interlocutores sociales los que tienen que garantizar un sistema público de pensiones justo, solidario y equilibrado en un futuro.

Además, según lo estipulado en la Constitución, el Estado se debe comprometer a establecer un sistema de protección de carácter público y a la organización y captación de una serie de recursos económicos que logren la viabilidad de dicha protección social de un modo autosuficiente.

Eso sí, la misma Constitución también establece el carácter libre y voluntario del nivel complementario de la protección social que, inclusive, podrá ser de carácter privado.

Por tanto, el sistema de la Seguridad Social, atendiendo al articulado constitucional mencionado, necesita una cierta acción protectora de carácter público que pueda garantizar la protección suficiente a aquellos ciudadanos que estén en una situación de necesidad, además de recursos económicos suficientes que puedan financiar dicha protección.

 Nota

Los inicios del sistema de la Seguridad Social se remontan al año 1900, cuando se promulga la Ley de Accidentes de Trabajo, donde se estipula por primera vez la responsabilidad directa y objetiva de las empresas en los accidentes sufridos por sus empleados.

2.1. Niveles de la acción protectora de la Seguridad Social

Actualmente, la acción protectora del sistema de la Seguridad Social está articulada partiendo de un modelo de protección integral y universalizada que incluye los siguientes ámbitos:

- Asistencia Sanitaria.
- Servicios Sociales.
- Incapacidad Temporal.
- Riesgo durante el embarazo.
- Cuidado de menores afectados por enfermedad grave.

- Corresponsabilidad en el cuidado del lactante.
- Jubilación.
- Incapacidad permanente.
- Muerte y supervivencia.
- Lesiones permanentes no invalidantes.
- Protección familiar.
- Desempleo.
- Complemento para la reducción de la brecha de género.
- Seguro Obligatorio de Vejez e Invalidez (SOVI).
- Seguro escolar.

Sea como fuere, a la protección del sistema de la Seguridad Social pueden acceder todos los ciudadanos, independientemente de su contribución al sistema. Eso sí, es necesario remarcar que todas las personas no acceden en idénticas condiciones al sistema de la Seguridad Social.

En este sentido, destacan dos niveles de dicho sistema:

- **Nivel contributivo:** se garantiza una protección adecuada en las contingencias y situaciones definidas legalmente a las personas comprendidas en el campo de aplicación de la prestación, por el hecho de desempeñar una actividad profesional, y a los familiares o asimilados que tuviesen a cargo.
- **Nivel asistencial o no contributivo:** con este nivel se protege con prestaciones no contributivas a personas que, por cualquier causa, no han cotizado nunca o no lo suficiente para poder causar derecho a sus prestaciones y que, además, no disponen de recursos suficientes para mantener un nivel mínimo de vida.

Así, dependiendo de la situación en la que se encuentre cada persona y de los requisitos establecidos para cada prestación, se puede acceder al sistema de la Seguridad Social en unas u otras condiciones.

Es más, en relación a la acción protectora, el Real Decreto Legislativo 8/2015, de 30 de octubre, por el que se aprueba el Texto Refundido de la Ley General de la Seguridad Social, establece en su artículo 42, todos los aspectos que ello implica. Concretamente, este artículo estipula lo siguiente:

1. La acción protectora del sistema de la Seguridad Social comprenderá:

a. La asistencia sanitaria en los casos de maternidad, de enfermedad común o profesional y de accidente, sea o no de trabajo.
b. La recuperación profesional, cuya procedencia se aprecie en cualquiera de los casos que se mencionan en la letra anterior.
c. Las prestaciones económicas en las situaciones de incapacidad temporal; nacimiento y cuidado de menor; riesgo durante el embarazo; riesgo durante la lactancia natural; ejercicio corresponsable del cuidado del lactante; cuidado de menores afectados por cáncer u otra enfermedad grave; incapacidad permanente contributiva e invalidez no contributiva; jubilación, en sus modalidades contributiva y no contributiva; desempleo, en sus niveles contributivo y asistencial; protección por cese de actividad; pensión de viudedad; prestación temporal de viudedad; pensión de orfandad; prestación de orfandad; pensión en favor de familiares; subsidio en favor de familiares; auxilio por defunción; indemnización en caso de muerte por accidente de trabajo o enfermedad profesional; ingreso mínimo vital, así como las que se otorguen en las contingencias y situaciones especiales que reglamentariamente se determinen por real decreto, a propuesta del titular del Ministerio competente.
d. Las prestaciones familiares de la Seguridad Social, en sus modalidades contributiva y no contributiva.
e. Las prestaciones de servicios sociales que pueden establecerse en materia de formación y rehabilitación de personas con discapacidad y de asistencia a las personas mayores, así como en aquellas otras materias en que se considere conveniente.

En otras palabras, el Texto Refundido de la Ley de la Seguridad Social comenta expresamente que el sistema de la Seguridad Social ejercerá su acción protectora a través de cinco tipos de acciones y prestaciones:

- Asistencia sanitaria.
- Recuperación profesional.
- Prestaciones económicas.
- Prestaciones familiares.
- Prestaciones de servicios sociales.

Aunque todas las acciones a través de las cuales el sistema de la Seguridad Social ejerce su acción protectora son relevantes, en este capítulo se tratarán la asistencia sanitaria, la recuperación profesional, las prestaciones económicas por incapacidad, muerte o supervivencia y las prestaciones familiares.

Actividades

1. Busque información adicional sobre los distintos tipos de prestaciones de servicios sociales que ofrece el sistema de la Seguridad Social y realice una tabla con las principales características de estos.
2. Enumere y analice las diferencias entre las prestaciones familiares y las prestaciones de servicios sociales.
3. Comente las características principales de las prestaciones contributivas y no contributivas. ¿Qué finalidad tiene cada tipología?

Aplicación práctica

María ha estado desempeñando durante varios años una actividad profesional y cotizando por ello en la Seguridad Social.

Sin embargo, Juan, por la situación actual del mercado laboral, aún no ha logrado trabajar y se encuentra en situación de necesidad, al no disponer de ingresos suficientes para mantener un nivel mínimo de vida.

¿Tienen Marta y Juan derecho a protección por parte del sistema de la Seguridad Social? ¿En qué niveles?

SOLUCIÓN

Tanto Marta como Juan tienen derecho a la protección por parte del sistema de la Seguridad Social. No obstante, se debe diferenciar entre uno y otro, ya que uno ha estado desempeñando una actividad profesional y el otro aún no ha tenido oportunidad de trabajar.

Marta, al haber estado realizando una actividad profesional y haber cotizado por ello, se encuentra enmarcada en el nivel contributivo de protección.

Sin embargo, Juan no ha podido trabajar aún, pero, al encontrarse en situación de necesidad y no disponer de ingresos suficientes para mantener un nivel mínimo de vida, se encuentra en el nivel no contributivo o asistencial de protección.

2.2. Asistencia sanitaria

La asistencia sanitaria puede considerarse un tipo de protección ofrecido por el sistema de la Seguridad Social. Su finalidad principal consiste en prestar los servicios médicos y farmacéuticos que sean necesarios para preservar o restablecer la salud de los ciudadanos y que esta sea óptima para poder desarrollar una actividad laboral.

Además, también facilita los servicios que convenga para completar determinadas prestaciones, tanto médicas como farmacéuticas, haciendo hincapié en la rehabilitación física necesaria para que el trabajador se pueda recuperar de forma completa.

Son titulares de la asistencia sanitaria facilitada por el sistema de la Seguridad Social los trabajadores que formen parte del Régimen General, bien afiliados y en alta, o bien en situación asimilada a la de alta.

 Importante

Aunque el empresario incumpla sus obligaciones con la Seguridad Social, los trabajadores del Régimen General (en alta o asimilados) se considerarán en alta de pleno derecho, a efectos de la asistencia sanitaria.

Además, también se consideran titulares de la asistencia sanitaria de la Seguridad Social, los siguientes colectivos:

- Pensionistas y perceptores de prestaciones de carácter periódico.
- Familiares o asimilados que estén a cargo.

Para tener derecho a la asistencia sanitaria, el asegurado, en el momento de la solicitud de afiliación y alta o de la solicitud de pensión u otra prestación periódica de la Seguridad Social, puede formalizar un documento de reconocimiento de asistencia sanitaria para sus beneficiarios.

La formalización de este documento puede realizarse en las correspondientes oficinas de la Seguridad Social y, con él, se puede solicitar la tarjeta sanitaria en el centro de salud que le corresponda.

Así, el centro de salud será el encargado de tramitar la emisión y el envío al domicilio de la tarjeta sanitaria individual para el asegurado y para cada uno de sus beneficiarios.

2.3. Recuperación profesional

La recuperación profesional y todos los aspectos concernientes a esta venían expuestos en los artículos 26-31 de la Orden de 15 de abril de 1969, de aplicación y desarrollo de las prestaciones por invalidez en el Régimen General de la Seguridad Social.

Por ello, se considera imprescindible comentar los conceptos fundamentales, beneficiarios y principales prestaciones sobre la recuperación profesional para una mejor comprensión de la materia.

Así, en el artículo 26 se muestran los supuestos bajo los cuales un trabajador tiene derecho a las prestaciones relacionadas con la recuperación profesional y las prestaciones que puede disponer. Concretamente, se expone lo siguiente:

> 1. *Las prestaciones de recuperación profesional se dispensarán a los trabajadores que hayan sido declarados inválidos en los grados de incapacidad permanente parcial o total para la profesión habitual, con posibilidad razonable de recuperación, de acuerdo con el plan o programa individual regulado en el artículo siguiente.*
> 2. *El plan o programa a que se refiere el número anterior podrá incluir las siguientes prestaciones recuperadoras:*
>
>   *a. Tratamiento sanitario adecuado, especialmente rehabilitación funcional.*
>   *b. Orientación profesional.*

   c. *Formación profesional, por readaptación al trabajo habitual anterior o por reeducación para un nuevo oficio o profesión.*

3. *Las comisiones técnicas calificadoras conocerán del desarrollo, eficacia y resultado de los planes o programas individuales de recuperación.*

En referencia al artículo 27, se establece un plan individual de recuperación por cada empleado, atendiendo a las circunstancias laborales y físicas del mismo. Así, se considera obligatorio realizar una serie de exámenes y pruebas para fijar un programa de recuperación individualizado y adaptado a cada persona.

Este plan, atendiendo siempre a dicho artículo, se llevaría a cabo bajo las siguientes condiciones:

1. *La entidad gestora o, en su caso, mutua patronal, previos los pertinentes reconocimientos, exámenes, pruebas y entrevistas con los beneficiarios, fijará, respecto a cada inválido recuperable, el programa o plan de recuperación procedente, atendiendo a las aptitudes y facultades residuales, edad, sexo y residencia familiar del inválido, así como a su antigua ocupación y a sus deseos razonables de promoción social, dentro siempre de las exigencias técnicas y profesionales derivadas de las condiciones de empleo.*
2. *La determinación de los planes o programas a que se refiere el número anterior requerirá que se lleven a cabo los asesoramientos técnicos en medicina, orientación profesional, psicología, ocupación y empleo que resulten precisos en cada caso.*
3. *Los beneficiarios podrán aportar, a su cargo, los dictámenes y propuestas que estimen convenientes para la mejor formación del programa. Dicha aportación se llevará a cabo en un solo acto y en el plazo de veinte días, contados desde el siguiente al de la notificación de la resolución definitiva por la que se haya declarado la existencia de posibilidad razonable de recuperación.*
4. *La determinación del plan o programa por la entidad gestora o mutua patronal se llevará a cabo dentro de los veinticinco días inmediatamente siguientes a aquel en que ya se han aportado por el beneficiario los dictámenes o propuestas a que se refiere el número anterior o en que haya expirado el plazo señalado en el mismo sin llevarse a cabo tal aportación.*
5. *El plan o programa determinará la prestación o prestaciones recuperadoras en él comprendidas, el contenido y duración aproximada para cada una de ellas, así como los centros en que se hayan de llevar a cabo.*
6. *El plan o programa fijado se notificará al interesado. En el caso de que la recuperación del inválido pudiera efectuarse, indistintamente, con arreglo a varios*

planes o programas determinados, de acuerdo con lo dispuesto en el párrafo anterior, el beneficiario tendrá derecho a optar entre los mismos, en el plazo de cinco días, a partir del siguiente al de su notificación.

7. El beneficiario, a la vista de los resultados obtenidos en los tratamientos sanitarios, podrá solicitar de la entidad gestora o mutua patronal que haya fijado el plan o programa de recuperación que lo considere en la parte relativa a la readaptación o recuperación profesional.

La entidad gestora o mutua patronal podrá, asimismo, proponer al beneficiario la modificación de dicha parte del plan o programa, a la vista de los aludidos resultados.

8. El plan o programa establecido será obligatorio para los beneficiarios, quedando condicionado el disfrute de las prestaciones recuperadoras a su fiel observancia. En el supuesto de que el trabajador rechace o abandone, sin causa razonable, el tratamiento sanitario previsto en el plan o programa, serán de aplicación las normas contenidas en los artículos 22 y 23. La negativa del beneficiario a seguir dicho tratamiento se formulará y se calificará de razonable o no razonable, de acuerdo con lo dispuesto en el artículo 17 del Decreto 2766/1967, de 16 de noviembre.

Por su parte, el artículo 28 habla concretamente de los tratamientos sanitarios, estableciendo que deben aplicarse los tratamientos adecuados para la rehabilitación del inválido, tanto en régimen ambulatorio o de internado (en el que el trabajador permanece ingresado en un hospital) como en centros sanitarios propios o concertados de la Seguridad Social o, cuando corresponda, en centros de las mutuas patronales o empresas.

Así, se especifica lo siguiente:

1. Los tratamientos sanitarios serán los adecuados a la rehabilitación del inválido y, de modo especial, comprenderán los de rehabilitación funcional, medicina física y ergoterapia y cuantos otros se consideren necesarios para la recuperación del inválido.

2. Los tratamientos sanitarios se prestarán en régimen ambulatorio o de internado, en los servicios sanitarios propios o concertados de la Seguridad Social, así como, en su caso, en los de las mutuas patronales o empresas, debidamente coordinados.

3. Los centros sanitarios privados que pretendan participar en la prestación de los tratamientos de rehabilitación a que se refiere el número anterior precisarán ser reconocidos por la Dirección General de Previsión, exigiéndose como requisito previo el informe de la Inspección de Servicios de la Seguridad Social en el que se haga constar si el centro de que se trate reúne o no las condiciones adecuadas a las prestaciones recuperadoras que se pretendan realizar en el mismo.

Los artículos 29 y 30 hacen referencia a la orientación y formación profesional. De este modo, en la orden se contempla que la persona a la que se le elabore un plan o programa de recuperación tiene también derecho al servicio de orientación profesional dentro de dicho plan; tanto en el momento de recibir los tratamientos sanitarios como una vez finalizados.

Además, se presta un servicio de formación profesional acorde a la orientación profesional prestada durante el plan de recuperación profesional y una vez terminado este.

Así, la persona tiene derecho a recibir una serie de cursos de formación profesional acordes al programa de orientación que pueden ser impartidos por las entidades gestoras o las mutuas patronales.

Los beneficiarios de la prestación de recuperación profesional vienen especificados en el artículo 31 de la orden, donde se expone lo siguiente:

1. *Tendrán derecho y, en su caso, estarán obligados a recibir las prestaciones de recuperación profesional que se dispensen de acuerdo con lo establecido en la presente sección, los trabajadores que, reuniendo las condiciones exigidas en el apartado a) del artículo 19, hayan sido declarados inválidos en los grados de incapacidad permanente total o parcial para la profesión habitual, con posibilidad razonable de recuperación.*

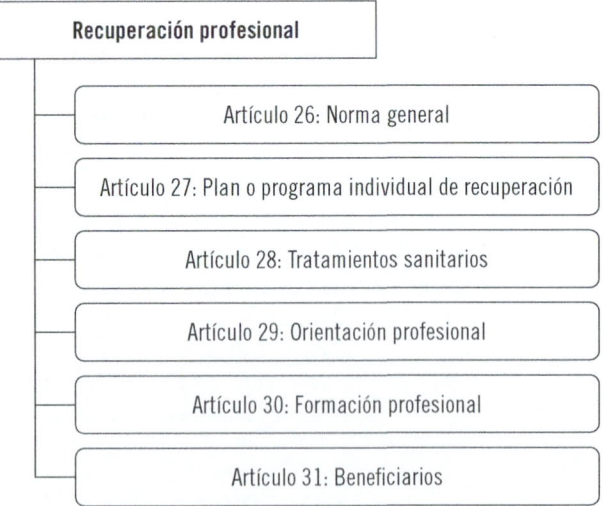

En definitiva, actualmente se puede entender que las prestaciones de recuperación profesional se encuentran repartidas y diluidas en los distintos tipos de prestaciones que ofrece la asistencia sanitaria.

 Importante

El Real Decreto Legislativo 8/2015, de 30 de octubre, por el que se aprueba el Texto Refundido de la Ley General de la Seguridad Social tiene como finalidad refundir en un solo documento toda la legislación relativa al ámbito de la Seguridad Social aprobada en los últimos años; entró en vigor el 2 de enero de 2016.

Las prestaciones sociosanitarias, actualmente, vienen reguladas en el artículo 14 de la Ley 16/2003, de 28 de mayo, de Cohesión y Calidad del Sistema Nacional de Salud, donde se expone lo siguiente:

1. *La atención sociosanitaria comprende el conjunto de cuidados destinados a aquellos enfermos, generalmente crónicos, que por sus especiales características pueden beneficiarse de la actuación simultánea y sinérgica de los servicios sanitarios y sociales para aumentar su autonomía, paliar sus limitaciones o sufrimientos y facilitar su reinserción social.*
2. *En el ámbito sanitario, la atención sociosanitaria se llevará a cabo en los niveles de atención que cada Comunidad Autónoma determine y en cualquier caso comprenderá:*

   a. *Los cuidados sanitarios de larga duración.*
   b. *La atención sanitaria a la convalecencia.*
   c. *La rehabilitación en pacientes con déficit funcional recuperable.*

3. *La continuidad del servicio será garantizada por los servicios sanitarios y sociales a través de la adecuada coordinación entre las Administraciones públicas correspondientes.*

Además, la misma ley contempla los servicios que deben incluirse dentro de la atención especializada como, por ejemplo, la hospitalización en régimen de internamiento y la rehabilitación en pacientes con déficit funcional recuperable.

2.4. Prestaciones económicas por incapacidad, muerte o supervivencia

Tal y como se ha ido comentando en apartados anteriores, el artículo 42 del Real Decreto Legislativo 8/2015, de 30 de octubre, por el que se aprueba el Texto Refundido de la Ley General de la Seguridad Social contempla, entre otros aspectos, que la acción protectora del sistema de la Seguridad Social comprende cinco tipos de prestaciones:

En relación a las prestaciones económicas, dicho artículo incluye las siguientes situaciones en las que se tiene derecho a este tipo de prestación:

a. Incapacidad temporal.
b. Nacimiento y cuidado de menor.
c. Riesgo durante el embarazo.
d. Riesgo durante a lactancia natural.
e. Ejercicio corresponsable del cuidado del lactante.
f. Cuidado de menores afectados por cáncer u otra enfermedad grave.
g. Incapacidad permanente contributiva e invalidez no contributiva.
h. Jubilación en sus modalidades contributiva y no contributiva.
i. Desempleo en sus niveles contributivo y asistencial.
j. Protección por cese de actividad.
k. Pensión de viudedad.
l. Prestación temporal de viudedad.

m. Pensión de orfandad.

n. Prestación de orfandad.

o. Pensión en favor de familiares.

p. Subsidio en favor de familiares.

q. Auxilio por defunción.

r. Indemnización en caso de muerte por accidente de trabajo o enfermedad profesional.

s. Ingreso mínimo vital.

t. Las que se otorguen en las contingencias y situaciones especiales que reglamentariamente se determinen por real decreto, a propuesta del titular del ministerio competente.

Las prestaciones económicas por incapacidad son aquellas que se originan para cubrir situaciones de necesidad de los trabajadores, causadas por la pérdida del salario de este en los casos en los que no puede desempeñar su actividad laboral.

Actividades

4. Ponga ejemplos concretos en los que un trabajador puede tener derecho a una prestación económica por incapacidad.

Se deben distinguir dos tipos de prestaciones económicas por incapacidad:

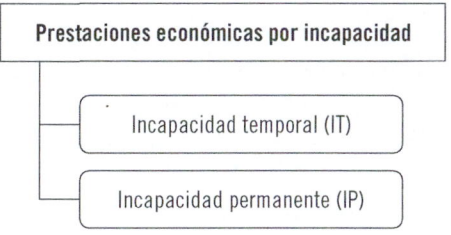

Las prestaciones por incapacidad temporal son aquellas que surgen para cubrir situaciones en las que el trabajador no puede desempeñar su actividad profesional de forma temporal, a causa de una enfermedad común, una enfermedad profesional o accidente (laboral o no laboral).

Por otra parte, según el artículo 193 del Texto Refundido de la Ley General de la Seguridad Social, las prestaciones económicas por incapacidad permanente se crearon para cubrir situaciones en las que: *el trabajador, después de haber estado sometido al tratamiento prescrito, presenta reducciones anatómicas o funcionales graves, susceptibles de determinación objetiva y previsiblemente definitivas, que disminuyan o anulen su capacidad laboral.*

Por otro lado, está el grupo de prestaciones incluidas bajo el concepto de prestaciones por muerte y supervivencia, que contempla prestaciones creadas para cubrir situaciones de necesidad de terceros causadas por el fallecimiento de un trabajador (independientemente de las causas de dicho fallecimiento).

Dentro del grupo de **prestaciones por muerte y supervivencia** se encuentran, por ejemplo, las siguientes:

- Pensión de viudedad.
- Auxilio por defunción.
- Prestación temporal de viudedad.
- Pensión de orfandad.
- Prestación de orfandad por muerte por violencia contra la mujer.
- Subsidio en favor de familiares.
- Pensión en favor de familiares.
- Indemnización especial en casos de muerte por accidente de trabajo o de enfermedad profesional.

Además de estas prestaciones económicas, el sistema de la Seguridad Social dispone también de una serie de prestaciones que cubre situaciones de carácter familiar como, por ejemplo, el nacimiento y cuidado de menor o el riesgo durante el embarazo; situaciones que se comentarán en el próximo apartado.

2.5. Otras prestaciones familiares

Las prestaciones familiares tienen como finalidad principal cubrir la situación de necesidad económica o de incremento de gastos de la familia originada por el nacimiento, acogida o adopción de hijos y por la existencia de determinadas responsabilidades familiares.

Se incluyen en el grupo de prestaciones familiares las siguientes:

Prestaciones familiares

No contributivas:
- Económica por hijo o menor acogido a cargo con discapacidad
- Económica por nacimiento o adopción de hijo en supuestos de familias numerosas, monoparentales y en los casos de madres o padres con discapacidad
- Económica por parto o adopción múltiples

Contributivas:
- No económica por cuidado de hijo, de menor acogido o de otros familiares

---

La prestación económica por **hijo o menor acogido a cargo con discapacidad** es una asignación económica que se reconoce para cada hijo mayor de edad afectado por una discapacidad igual o superior al 65 % y que esté a cargo del beneficiario; además de los menores acogidos en régimen de acogimiento familiar, tanto permanente como guarda con fines de adopción, siempre que no se superen los umbrales de ingresos establecidos y se cumplan los requisitos anteriores.

La prestación económica por **nacimiento o adopción de hijo, en supuestos de familias numerosas, monoparentales y en casos de madres o padres con discapacidad,** es otra asignación económica de pago único a tanto alzado. Se reconoce por el nacimiento o adopción de un hijo o hija en familias numerosas o en familias que adquieran dicha condición a raíz del nacimiento o adopción. También tienen derecho a dicha prestación las familias monoparentales y familias con madres o padres afectados por una discapacidad igual o superior al 65 %, siempre que no se superen los umbrales de ingresos establecidos.

La prestación económica por **parto o adopción múltiples** también es de pago único y tiene como finalidad compensar, en parte, el incremento de carga económica que supone en toda familia el nacimiento o la adopción de varios hijos de forma simultánea.

Por último, la prestación **por cuidado de hijo, de menor acogido o de otros familiares** no tiene carácter económico y consiste en un periodo determinado de cotización efectiva del periodo de excedencia que el trabajador disfruta para el cuidado de cada hijo, menor acogido, cónyuge o pareja de hecho o familiar hasta el 2° grado de consanguinidad y afinidad (incluido el familiar consanguíneo de la pareja de hecho). También incluye un incremento de las cotizaciones en determinados casos en los que el trabajador reduce la jornada laboral para el cuidado de un menor o de una persona con discapacidad.

 Aplicación práctica

María y Pablo han tenido recientemente su tercer hijo, con el cual ya adquieren la condición de familia numerosa. Por otra parte, Sara acaba de tener un hijo ella sola a través de la fecundación *in vitro*.

Comente a qué tipo de prestación tendrán derecho los intervinientes en cada uno de los casos expuestos.

SOLUCIÓN

María y Pablo, al tener su tercer hijo, se acaban de convertir en familia numerosa, por lo que tendrán derecho a percibir una prestación económica por nacimiento o adopción de hijos, en supuestos de familias numerosas, monoparentales o madres o padres con discapacidad. Se trata de una prestación por importe único a tanto alzado.

Sara y su hijo forman parte de una familia monoparental (ya que su hijo fue fecundado de forma artificial y no hay padre reconocido), por lo que también tendrá derecho a percibir

Continúa en página siguiente >>

<< Viene de página anterior

una prestación económica por nacimiento o adopción de hijos, en supuestos de familias numerosas, monoparentales o madres o padres con discapacidad.

En todos los casos, la prestación a la que tienen derecho es de carácter retributivo, ya que percibirán una cantidad determinada por estas.

 Actividades

---

5. Realice un esquema con los distintos tipos de prestaciones familiares que ofrece el sistema de la Seguridad Social y enumere sus principales características.

---

3. Rentas de referencia en el cálculo de determinadas prestaciones

La cantidad de las prestaciones que ofrece el sistema de la Seguridad Social puede variar atendiendo a multitud de factores. En su mayor parte, la cuantía de las prestaciones económicas varía en función a las bases de cotización de los trabajadores, aunque, en ocasiones, es imprescindible establecer una serie de indicadores sobre los cuales utilizar los criterios para adjudicar y repartir dichas prestaciones.

Estos indicadores son conocidos también bajo la denominación de "rentas de referencia" y son principalmente dos:

Indicadores de referencia

Indicador Público de Rentas de Efectos Múltiples (IPREM)

Salario Mínimo Interprofesional (SMI)

Ambos indicadores actualizan sus importes cada cierto tiempo para adaptarlos a la situación económica y social del país. A continuación, se definirán ambos indicadores y se comentarán sus principales características.

3.1. El Indicador Público de Rentas de Efectos Múltiples (IPREM)

El Indicador Público de Rentas de Efectos Múltiples o IPREM fue creado el año 2004 y se utiliza como referencia *para determinar la cuantía de determinadas prestaciones o para acceder a determinadas prestaciones, beneficios o servicios sociales.*

En otras palabras, sirve como punto de referencia para establecer determinados importes de prestaciones y para establecer umbrales de acceso a ciertas prestaciones, beneficios y servicios sociales.

Por ejemplo, se utiliza el IPREM para determinar el umbral de renta máximo de las familias que quieren acceder a una beca de estudios o, incluso, para poder acceder a una vivienda de protección oficial.

El IPREM se publica con carácter anual a través de la Ley de Presupuestos Generales del Estado, de modo que se deberá acceder a la versión más reciente de esta ley en el Boletín Oficial del Estado (BOE) para conocer su importe.

Las comunidades autónomas, las ciudades de Ceuta y Melilla y las entidades que integran la Administración local pueden utilizar como índice o referencia de renta el IPREM, sin perjuicio de la potestad que tienen para fijar otros indicadores propios en el ejercicio de sus competencias.

 Actividades

6. Realice un gráfico con los importes IPREM mensuales de los últimos diez años.

3.2. El Salario Mínimo Interprofesional (SMI)

El Salario Mínimo Interprofesional o SMI establece el importe mínimo que debe percibir todo trabajador realizando una jornada laboral de trabajo, sin distinguir sexo o edad de los trabajadores e independientemente del tipo de contrato por el que desempeñen su trabajo.

El valor del SMI también lo fija anualmente el Gobierno, aunque, a diferencia del IPREM, se determina en la publicación de un real decreto y ha ido sufriendo modificaciones en los últimos años.

Para la determinación del importe del SMI se tienen en cuenta factores tan diversos como, por ejemplo, los siguientes:

- El índice de precios al consumo (IPC).
- La productividad media nacional alcanzada el año anterior.
- El incremento de la participación del trabajo en la renta nacional.

Dicho importe viene fijado generalmente en cantidad de salario por día y cantidad de salario por mes, aunque, en el caso de los empleados del hogar, también se fija por salario por hora.

 Aplicación práctica

Manuel está trabajando como camarero a jornada completa en una cafetería y cobra anualmente un salario de 17.990 €, distribuido en catorce pagas. Por otra parte, Sara trabaja como auxiliar administrativa, a media jornada, y cobra un salario de 4.960 € anuales, también distribuido en catorce pagas. Por último, Francisco trabaja como operario de la construcción en jornada completa y cobra 12.000 € anuales, distribuido, del mismo modo, en catorce pagas.

Evalúe si los salarios de Manuel, Sara y Francisco cumplen con los criterios del Salario Mínimo Interprofesional si se estima un SMI mensual de 1.080 € y un SMI diario de 36 €.

Continúa en página siguiente >>

<< Viene de página anterior

SOLUCIÓN

El importe de cada paga de Manuel será de: 17.990 € / 14 = 1.285 €/paga. Se comprueba, por tanto, que el salario de Manuel es superior al SMI mensual que se estima en 1.080 €.

Sara trabaja a media jornada, por lo que deberá multiplicar su salario por dos para determinar si este alcanza el mínimo establecido: 4.960 x 2 / 14 = 708,57 €. Se trata de un importe inferior al SMI, por lo que estaría cobrando menos cantidad de la legalmente estipulada.

Por último, Francisco cobra 12.000 € anuales, es decir, 12.000 / 14 = 857,14 €, importe también inferior al SMI y, en consecuencia, menos cantidad de lo estipulado por ley.

---

4. Resumen

La Constitución española establece que es competencia del Estado establecer un sistema de protección de carácter público y que, para ello, tiene el deber de organizar y recabar los recursos económicos suficientes para garantizar la viabilidad autosuficiente de dicha protección social.

Por ello se creó el sistema de la Seguridad Social en España, como ente de protección para los ciudadanos en caso de necesidad. Así, la acción protectora de este sistema incluye los ámbitos de asistencia sanitario-farmacéutica, protección familiar, servicios sociales y el subsidio de desempleo, en determinadas ocasiones.

Además, atendiendo al Real Decreto Legislativo 8/2015, de 30 de octubre, por el que se aprueba el Texto Refundido de la Ley General de la Seguridad Social, contempla que la acción protectora del sistema de la Seguridad Social comprende cinco tipos de prestaciones: prestaciones económicas, prestaciones familiares de la Seguridad Social, prestaciones de servicios sociales, asistencia sanitaria y recuperación profesional.

Se trata de prestaciones que tienen como objetivo cubrir situaciones de necesidad diferente y los requisitos, beneficiarios y cuantías varían según el tipo de prestación que se trate.

Es más, la cantidad de las prestaciones que ofrece el sistema de la Seguridad Social puede variar atendiendo a numerosos factores, aunque, en su mayor parte, se toman como referencia los llamados indicadores de referencia: el Indicador Público de Rentas de Efectos Múltiples o IPREM y el Salario Mínimo Interprofesional o SMI.

Sea como fuere, ambos indicadores son de carácter variable y deben ser aprobados anualmente (aunque se decida que deben permanecer congelados), ya que dependen directamente de factores tan variables como el IPC o la productividad media nacional, entre otros.

Ejercicios de repaso y autoevaluación

1. **Complete la siguiente oración:**

   Los poderes públicos mantendrán un régimen _____ de Seguridad Social para todos los ciudadanos que garanticen la asistencia y prestaciones sociales suficientes ante situaciones de necesidad, especialmente en caso de _____.
   La asistencia y prestaciones _____ serán libres.

2. **Indique cuáles de los siguientes organismos o entes son los encargados de garantizar un sistema público de pensiones justo, solidario y equilibrado en un futuro:**

   a. El poder público.
   b. El poder privado.
   c. Los agentes sociales.
   d. Los interlocutores sociales.

3. **Complete el siguiente gráfico con los ámbitos que están incluidos en la acción protectora del sistema de la Seguridad Social:**

Acción protectora del Sistema de Seguridad Social

Asistencia sanitaria

Servicios sociales

Riesgo durante el embarazo

Complemento para la reducción de la brecha de género

```
┌─────────────────────────────┐
│                             │
└─────────────────────────────┘
┌─────────────────────────────┐
│   Incapacidad permanente    │
└─────────────────────────────┘
┌─────────────────────────────┐
│                             │
└─────────────────────────────┘
┌─────────────────────────────┐
│                             │
└─────────────────────────────┘
┌─────────────────────────────┐
│                             │
└─────────────────────────────┘
┌─────────────────────────────┐
│     Protección familiar     │
└─────────────────────────────┘
┌─────────────────────────────┐
│                             │
└─────────────────────────────┘
┌─────────────────────────────┐
│  Complemento para la reducción │
│   de la brecha de género    │
└─────────────────────────────┘
┌─────────────────────────────┐
│                             │
└─────────────────────────────┘
```

4. **Complete la siguiente oración:**

Son titulares de la asistencia _____ facilitada por el sistema de la _____ los trabajadores que formen parte del Régimen _____, bien afiliados y en alta o bien en situación _____ a la de alta.

5. **Indique cuáles de las siguientes prestaciones están comprendidas en la acción protectora de la Seguridad Social:**

   a. La asistencia sanitaria en los casos de enfermedad común o profesional y de accidente, sea o no de trabajo.
   b. La recuperación profesional, cuya procedencia se aprecie en los casos de enfermedad común o profesional y de accidente, sea o no de trabajo.

    c. Las prestaciones familiares de la Seguridad Social, en sus modalidades contributiva y no contributiva.

    d. Todas las opciones son correctas.

6. **Complete la siguiente oración:**

Para tener derecho a la asistencia sanitaria, el asegurado, en el momento de la solicitud de _____ y alta o de la solicitud de pensión u otra _____ periódica de la Seguridad Social, puede formalizar un documento de reconocimiento de asistencia sanitaria para sus _____.

7. **¿Qué es el IPREM?**

_____
_____
_____
_____

8. **Complete la siguiente oración:**

El _____ o SMI establece el importe _____ que debe percibir todo trabajador realizando una jornada laboral de trabajo, sin distinguir sexo o edad de los trabajadores e independientemente del tipo de _____ por el que desempeñen su trabajo.

9. **Mencione seis situaciones en las que un individuo tiene derecho a una prestación económica del sistema de la Seguridad Social.**

_____
_____
_____
_____

10. Complete la siguiente oración:

Las prestaciones económicas por incapacidad _____ se crearon para cubrir situaciones en las que el trabajador, después de haber estado sometido al _____ prescrito, presenta reducciones anatómicas o funcionales graves, susceptibles de determinación objetiva y previsiblemente definitivas, que disminuyen o _____ su capacidad laboral.

Capítulo 2
Asistencia sanitaria

Contenido

1. Introducción

El sistema de la Seguridad Social ejerce su acción protectora a través de una serie de prestaciones y servicios dirigidos a sus beneficiarios, a los ciudadanos y a aquellas personas que se encuentren en situación de necesidad.

Una de estas prestaciones de especial relevancia es la asistencia sanitaria, a través de la cual la Seguridad Social presta una serie de servicios médicos y farmacéuticos, entre otros, con la finalidad de conservar y reestablecer un estado de salud óptimo de los ciudadanos, especialmente para poder desempeñar sus tareas laborales.

En este capítulo se van a describir las distintas características y peculiaridades de la asistencia sanitaria diferenciando entre los dos regímenes de la Seguridad Social: el Régimen General y los distintos regímenes especiales que se mantienen en vigor.

Además, para garantizar la asistencia sanitaria de los beneficiarios cuando estos se desplazan de forma temporal a Europa, Reino Unido o Suiza, la Seguridad Social dispone de la Tarjeta Sanitaria Europea.

A través de esta, los beneficiarios podrán utilizar determinados servicios de asistencia sanitaria en dichos países de forma gratuita o asumiendo una parte de los gastos del servicio, atendiendo al país y al tipo de servicio que se está disfrutando, que se irán comentando también a lo largo de los siguientes apartados.

2. En el Régimen General

El objetivo principal de la asistencia sanitaria de la Seguridad Social es prestar los servicios médicos y farmacéuticos necesarios y suficientes para poder mantener o restablecer la salud de sus beneficiarios. Además, tiene también como objeto mantener y restablecer un estado de salud apto para que sus beneficiarios estén aptos para trabajar y se logre una recuperación profesional completa.

2.1. Características generales

El Real Decreto Legislativo 8/2015, de 30 de octubre, por el que se aprueba el Texto Refundido de la Ley General de la Seguridad Social, en su artículo 9, expone que el sistema de la Seguridad Social viene integrado por dos regímenes distintos:

El Régimen General es el que tiene mayor relevancia dentro del sistema de la Seguridad Social, hasta tal punto que la Ley General de la Seguridad Social dedica el título II a tratar todas las peculiaridades y especificaciones de este régimen.

Campo de aplicación del Régimen General de la Seguridad Social

En cuanto al campo de aplicación, el artículo 136 del Real Decreto Legislativo 8/2015 menciona lo siguiente:

> 1. *Estarán obligatoriamente incluidos en el campo de aplicación del Régimen General de la Seguridad Social los trabajadores por cuenta ajena y los asimilados a los que se refiere el artículo 7.1.a) de esta ley, salvo que por razón de su actividad deban quedar comprendidos en el campo de aplicación de algún régimen especial de la Seguridad Social.*

Además, en el punto 2 de este artículo, manifiesta que estarán comprendidos en el campo de aplicación del Régimen General de la Seguridad Social, los siguientes colectivos:

a. Los trabajadores incluidos en el Sistema Especial para Empleados del Hogar y en el Sistema Especial para Trabajadores por Cuenta Ajena Agrarios.

b. Los trabajadores por cuenta ajena y los socios trabajadores de las sociedades de capital, en determinadas casuísticas.

c. Los consejeros y administradores de las sociedades de capital, siempre que no posean su control efectivo, cuando el desempeño de su cargo conlleve la realización de las funciones de dirección y gerencia de la sociedad, siendo retribuidos por ello o por su condición de trabajadores por cuenta de la misma.

d. Los socios trabajadores de las sociedades laborales, cuya participación en el capital social se ajuste a lo establecido en el artículo 1.2.b) de la Ley 44/2015, de 14 de octubre, de Sociedades Laborales y Participadas, y aun cuando sean miembros de su órgano de administración, si el desempeño de este cargo no conlleva la realización de las funciones de dirección y gerencia de la sociedad, ni posean su control en los términos previstos por el artículo 305.2.e).

e. Los socios trabajadores de las sociedades laborales que, por su condición de administradores de las mismas, realicen funciones de dirección y gerencia de la sociedad, siendo retribuidos por ello.

f. El personal contratado al servicio de notarías, registros de la propiedad y demás oficinas o centros similares.

g. Los trabajadores que realicen las operaciones de manipulación, empaquetado, envasado y comercialización del plátano.

h. Las personas que presten servicios retribuidos en los establecimientos o dependencias de las entidades o instituciones eclesiásticas.

i. Los conductores de vehículos de turismo al servicio de particulares.

j. El personal civil no funcionario de las Administraciones públicas y de las entidades y organismos vinculados o dependientes de ellas.

k. El personal funcionario al servicio de las Administraciones públicas y de las entidades y organismos vinculados o dependientes de ellas.

l. El personal funcionario a que se refiere la DA 3.ª de la norma, en los términos previstos en ella.

m. Los funcionarios del Estado transferidos a las comunidades autónomas que hayan ingresado o ingresen voluntariamente en cuerpos o escalas propios de la comunidad autónoma de destino.

n. Los altos cargos de las Administraciones públicas y de las entidades y organismos vinculados o dependiente de ellas, que no tengan la condición de funcionarios públicos.

o. Los miembros de corporaciones locales y los miembros de las juntas generales de los territorios forales, cabildos insulares canarios y consejos insulares baleares que desempeñen sus cargos con dedicación exclusiva o parcial.

p. Los cargos representativos de las organizaciones sindicales que ejerzan funciones sindicales de dirección con dedicación exclusiva o parcial y percibiendo una retribución.

q. Cualesquiera otras personas que, por razón de su actividad, sean objeto de la asimilación prevista en el apartado 1 mediante real decreto, a propuesta del Ministerio de Trabajo y Economía Social.

En términos generales, están incluidos en el Régimen General de la Seguridad Social los trabajadores por cuenta ajena de las distintas ramas de la actividad económica o asimilados a ellos, siempre que estos sean mayores de 16 años.

No se hace ningún tipo de distinción de sexo, estado civil o profesión y también es indiferente si se trata de trabajadores a distancia, de temporada, fijos, eventuales o, incluso, trabajadores con contratos discontinuos. También se considera completamente irrelevante la categoría profesional y la cuantía y forma de la retribución al trabajador.

 Importante

Son trabajadores por cuenta ajena, según el artículo 1 del Estatuto de los Trabajadores, "aquellos que prestan voluntariamente sus servicios retribuidos por cuenta ajena y dentro del ámbito de la organización y dirección de otra persona física o jurídica, denominada empleador o empresario".

Además, la misma ley señala una serie de colectivos excluidos del Régimen General:

- Trabajos realizados de forma ocasional como, por ejemplo, los servicios amistosos, benévolos o de buena vecindad.
- Los trabajos que conllevan la inclusión a algún régimen especial de la Seguridad Social.
- Los trabajos realizados por profesores universitarios eméritos, así como por el personal licenciado sanitario emérito.

Situaciones protegidas por la acción protectora de la Seguridad Social

En relación a la asistencia sanitaria en el Régimen General de la Seguridad Social, el Sistema Nacional de Salud ejercerá la acción protectora de la Seguridad Social cubriendo una serie de situaciones protegidas:

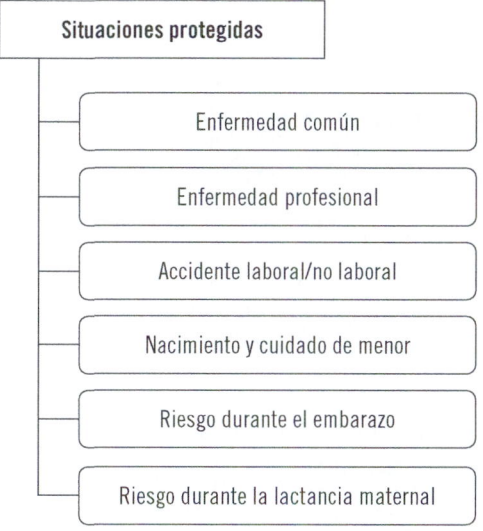

 Sabía que...

Con la entrada en vigor del Real Decreto Ley 7/2018, de 27 de julio, sobre el acceso universal al Sistema Nacional de Salud, el derecho a la asistencia sanitaria se consolidó como un derecho universal.

Actividades

1. Busque información adicional sobre qué supuestos se pueden incluir como enfermedades comunes y qué supuestos se incluyen como enfermedades profesionales. Ponga ejemplos de cada uno de ellos.
2. Ponga ejemplos de accidentes laborales y accidentes no laborales. ¿En qué se diferencian?

1.1. Titulares del derecho y reconocimiento

El derecho a la protección de la salud y a la atención sanitaria, según el art. 3 de la Ley 16/2003, recae sobre:

- Todas las personas que tengan nacionalidad española y las extranjeras con residencia en territorio español.
- Aquellas personas que tengan derecho a la asistencia sanitaria en España conforme a reglamentos comunitarios o convenios bilaterales en los que se incluya dicha prestación. En este caso, acceden a la asistencia sanitaria las personas que residan en España o durante sus desplazamientos temporales.

Respecto a la efectividad del derecho con cargo a los fondos públicos de la administración, los titulares de este deben encontrarse en alguno de los siguientes **supuestos:**

- Tener nacionalidad española y residir habitualmente en España.
- En el caso de no tener la residencia, tener reconocido el derecho a la asistencia sanitaria por cualquier otra vía jurídica, con la condición de que no exista un tercero obligado al pago de la misma.
- Ser extranjero residente en España de forma legal y habitual, y no estar obligado a acreditar la cobertura obligatoria de la prestación por otra vía.

Una vez que la administración competente ha reconocido el derecho a la protección de la salud y a la atención sanitaria, las personas beneficiarias pueden acceder a las prestaciones de asistencia sanitaria a través de la tarjeta **sanitaria individual,** que le facilita la administración.

Las personas extranjeras que no tengan reconocida su residencia en España (no estén registradas ni autorizadas como residentes) tienen derecho a la asistencia sanitaria de igual forma que las personas con nacionalidad española. La asistencia sanitaria será pública si en estas personas se dan todos los **requisitos** que se citan en el art. 3 ter apartado 2 de la Ley 16/2003, de 28 de mayo:

■ *No tener la obligación de acreditar la cobertura obligatoria de la prestación sanitaria por otra vía, en virtud de lo dispuesto en el derecho de la Unión Europea, los convenios bilaterales y demás normativa aplicable.*

■ *No poder exportar el derecho de cobertura sanitaria desde su país de origen o procedencia.*

■ *No existir un tercero obligado al pago.*

 Nota

El derecho a la asistencia sanitaria, reconocido con fondos públicos a las personas extranjeras no registradas ni autorizadas como residentes en territorio español, no puede ser aplicable fuera del mismo.

Las personas extranjeras reciben la prestación asistencial sanitaria mediante el **documento acreditativo** facilitado por la comunidad autónoma correspondiente, que cuenta con las competencias necesarias para configurar el procedimiento de solicitud y expedición de dicho certificado.

Aquellas personas que no tengan derecho a la asistencia sanitaria pública, pueden acceder a la prestación si abonan la respectiva contraprestación o cuota.

1.2. Contenido de la asistencia sanitaria

La asistencia sanitaria está formada por la cartera común de servicios del Sistema Nacional de Salud, regulado por la Ley 16/2003, de 28 de mayo, de Cohesión y Calidad del Sistema Nacional de Salud.

Tal y como se expresa en el artículo 8.1 de esta ley:

La cartera común de servicios del Sistema Nacional de Salud es el conjunto de técnicas, tecnologías o procedimientos, entendiendo por tales cada uno de los métodos, actividades y recursos basados en el conocimiento y experimentación científica, mediante los que se hacen efectivas las prestaciones sanitarias.

Además, la cartera común se articula en torno a tres modalidades diferenciadas:

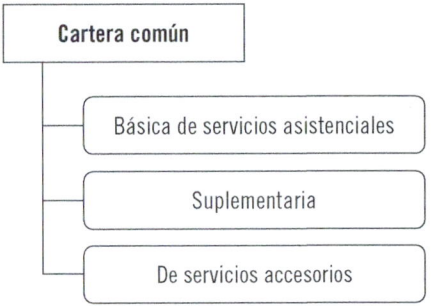

Cartera común básica de servicios asistenciales

Tal y como se menciona en el artículo 8 bis de la Ley 16/2003, de 28 de mayo, la cartera común básica de servicios asistenciales está formada por todas las actividades de prevención, diagnóstico, tratamiento y rehabilitación que se realicen en centros sanitarios o sociosanitarios y el transporte sanitario urgente. Estas actividades estarán cubiertas completamente por fondos públicos.

Cartera común suplementaria

En relación a la cartera común suplementaria, el artículo 8 ter de la Ley 16/2003 comenta que incluye las prestaciones cuya provisión se realiza mediante dispensación ambulatoria y están sujetas a aportación del usuario.

Estarán incluidas dentro de la cartera común suplementaria del Sistema Nacional de Salud las siguientes prestaciones:

- Prestación farmacéutica.
- Prestación ortoprotésica.
- Prestación con productos dietéticos.
- Transporte sanitario no urgente, sujeto a prescripción facultativa, en determinadas circunstancias.

Cartera común de servicios accesorios

La cartera común de servicios accesorios del Sistema Nacional de Salud viene regulada en el artículo 8 quater de la Ley 16/2003. En esta se incluyen todas las actividades, servicios o técnicas, sin carácter de prestación, que no se consideran esenciales y/o que son coadyuvantes o de apoyo para la mejora de una patología de carácter crónico, estando sujetas a aportación y/o reembolso por parte del usuario.

En este tipo de servicios, al igual que en los servicios complementarios, existe la posibilidad de que el usuario tenga que cubrir parte de los costes de la asistencia sanitaria, dependiendo del servicio y de sus condiciones particulares.

Prestaciones del Sistema Nacional de Salud

El contenido de las prestaciones a las que tienen derecho los titulares o beneficiarios de la asistencia sanitaria se puede localizar en el catálogo de prestaciones del Sistema Nacional de Salud incluido en el artículo 7 de la Ley 16/2003, de 28 de mayo, de Cohesión y Calidad del Sistema Nacional de Salud.

En el dicho artículo se establece lo siguiente:

1. El catálogo de prestaciones del Sistema Nacional de Salud tiene por objeto garantizar las condiciones básicas y comunes para una atención integral, continuada y en el nivel adecuado de atención. Se consideran prestaciones de atención sanitaria del Sistema Nacional de Salud los servicios o conjunto de servicios preventivos, diagnósticos, terapéuticos, rehabilitadores y de promoción y mantenimiento de la salud dirigidos a los ciudadanos.

El catálogo comprenderá las prestaciones correspondientes a salud pública, atención primaria, atención especializada, atención sociosanitaria, atención de urgencias, la prestación farmacéutica, la ortoprotésica, de productos dietéticos y de transporte sanitario.

Las prestaciones comprendidas en el catálogo del Sistema Nacional de Salud se muestran en el siguiente gráfico:

Catálogo de prestaciones

- Salud pública
- Atención primaria
- Atención especializada
- Atención sociosanitaria
- Atención de urgencias
- Prestación farmacéutica
- Prestación ortoprotésica
- Prestación de productos dietéticos
- Transporte sanitario

Duración y documentación de la prestación

El derecho a la asistencia sanitaria se origina en el momento en el que el titular se afilia al sistema de la Seguridad Social y se hace efectivo al día siguiente de presentar el alta en el régimen que le corresponda.

La duración de dicho derecho o prestación sanitaria será el siguiente:

- Para los titulares la prestación durará mientras dure el proceso patológico.
- Para trabajadores que ya no están en situación de alta en la Seguridad Social y sus familiares, la duración de la prestación variará según el tiempo de cotización del titular.

Se debe tener en cuenta que la duración dependerá de la situación, si son trabajadores que han sufrido un accidente, si son pensionistas, etc.

Por otra parte, se denegará o se considerará extinguido dicho derecho en caso de fallecimiento del titular o en el momento en el que se pierdan las condiciones necesarias para ser titular de dicho derecho.

 Nota

La prestación de asistencia sanitaria se puede solicitar a través de la Sede Electrónica de la Seguridad Social, incluso cuando el titular no disponga de certificado electrónico.

2. En los regímenes especiales

Determinados colectivos no están incluidos en el Régimen General de la Seguridad Social, por lo que se han definido una serie de regímenes especiales para que puedan gozar de servicios concretos de la acción protectora de la Seguridad Social.

Actualmente, existen tres regímenes especiales:

- **Régimen Especial de los Trabajadores por Cuenta Propia o Autónomos:** en términos generales, están incluidos en este régimen los trabajadores mayores de 18 años que, de forma habitual, personal y directa, realizan una actividad económica a título lucrativo, sin sujeción a contrato de trabajo. La prestación de asistencia sanitaria a este colectivo se reconoce en los mismos términos y condiciones que en el Régimen General de la Seguridad Social.
- **Régimen Especial de la Minería del Carbón:** se incluyen en este régimen los trabajadores por cuenta ajena que prestan sus servicios a empresas que realizan, en términos generales, actividades relativas a la minería del carbón como, por ejemplo, explotación de carbón a cielo abierto

o fabricación de aglomerados de carbón mineral, entre otros. En este caso, la prestación de asistencia sanitaria a este colectivo también se reconoce en los mismos términos y condiciones que en el Régimen General de la Seguridad Social.

- **Régimen Especial de los Trabajadores del Mar:** este colectivo recibe asistencia sanitaria del Instituto Social de la Marina (ISM), en términos generales. Este instituto facilitará la asistencia sanitaria por enfermedad común, nacimiento y cuidado de menor, y accidente no laboral, con igual extensión y condiciones que en el Régimen General. En el caso de encontrarse embarcados o en el extranjero, los trabajadores del mar recibirán asistencia sanitaria de los centros en el extranjero del ISM. En aquellos países sin medios propios del ISM, la asistencia sanitaria corre a cargo del empresario.

Anteriormente, también se consideraban regímenes especiales el Régimen Especial Agrario y el Régimen Especial de Empleados del Hogar, actualmente han quedado integrados en el Régimen General a través de un sistema especial para estos trabajadores.

Del mismo modo que los demás regímenes especiales, los empleados del hogar y los trabajadores agrarios tendrán derecho a las prestaciones de la Seguridad Social en los mismos términos y condiciones que en el Régimen General, con determinadas peculiaridades.

 Aplicación práctica

Manuel está trabajando por cuenta ajena para una empresa de etiquetado de envases. Por otra parte, Juan trabaja por cuenta ajena para una empresa de explotación de carbón, Carlos es pescador y Sara es empleada de hogar.

Indique en qué régimen están incluidos los cuatro trabajadores.

Continúa en página siguiente >>

<< Viene de página anterior

SOLUCIÓN

Manuel está contratado por cuenta ajena en una empresa de etiquetado de envases, cuya actividad no está englobada en ningún régimen especial. Por tanto, este trabajador está asegurado en el Régimen General de la Seguridad Social.

Juan, aunque trabaja por cuenta ajena, la actividad que lleva a cabo está relacionada con la minería del carbón, así que estará incluido en el Régimen Especial de la Minería del Carbón.

Carlos es pescador, por lo que puede considerarse un trabajador del mar y estará asegurado bajo el Régimen Especial de Trabajadores del Mar.

Por último, Sara es empleada de hogar y su actividad se engloba dentro del Régimen General de la Seguridad Social en su propio sistema especial.

---

3. En los desplazamientos por Europa (Tarjeta Sanitaria Europea)

Cuando un ciudadano español va a desplazarse fuera de España, debe solicitar la Tarjeta Sanitaria Europea (TSE) para que siga teniendo derecho a asistencia sanitaria.

Esta tarjeta es un documento personal e intransferible que acredita que su titular tiene derecho a recibir las prestaciones sanitarias necesarias durante una estancia temporal dentro del Espacio Económico Europeo, Reino Unido o Suiza. Eso sí, deberá tenerse en cuenta la naturaleza de la prestación requerida y la duración de la estancia prevista, atendiendo al país de estancia.

Además, se dispone del derecho a asistencia que otorga la TSE independientemente de si la estancia se realiza por turismo, por el desarrollo de una actividad profesional o por estudios.

La Tarjeta Sanitaria Europea no será válida cuando la finalidad del desplazamiento sea recibir un tratamiento médico. En este caso, el Instituto Nacional de la Seguridad Social (INSS) o el Instituto Social de la Marina (ISM) deberá emitir el consiguiente formulario, con un informe favorable previo emitido por el Servicio de Salud.

Nota

La TSE tampoco será válida cuando el ciudadano traslade su residencia al territorio de otro Estado miembro.

En ciertas ocasiones, el titular deberá asumir una determinada cantidad o un porcentaje de los gastos procedentes de la asistencia sanitaria. Esta cantidad en ningún caso será reintegrable.

La TSE pueden solicitarla los titulares del derecho y los beneficiarios a cargo de este que cumplan los requisitos por la legislación española y por los Reglamentos Comunitarios de Seguridad Social.

La solicitud se puede realizar mediante la Sede Electrónica de la Seguridad Social (<https://sede.seg-social.gob.es/wps/portal/sede/sede/Ciudadanos/Asistencia+Sanitaria>). Existen tres formas de hacerlo: con certificado digital, sin certificado digital y a través de código SMS del teléfono móvil registrado.

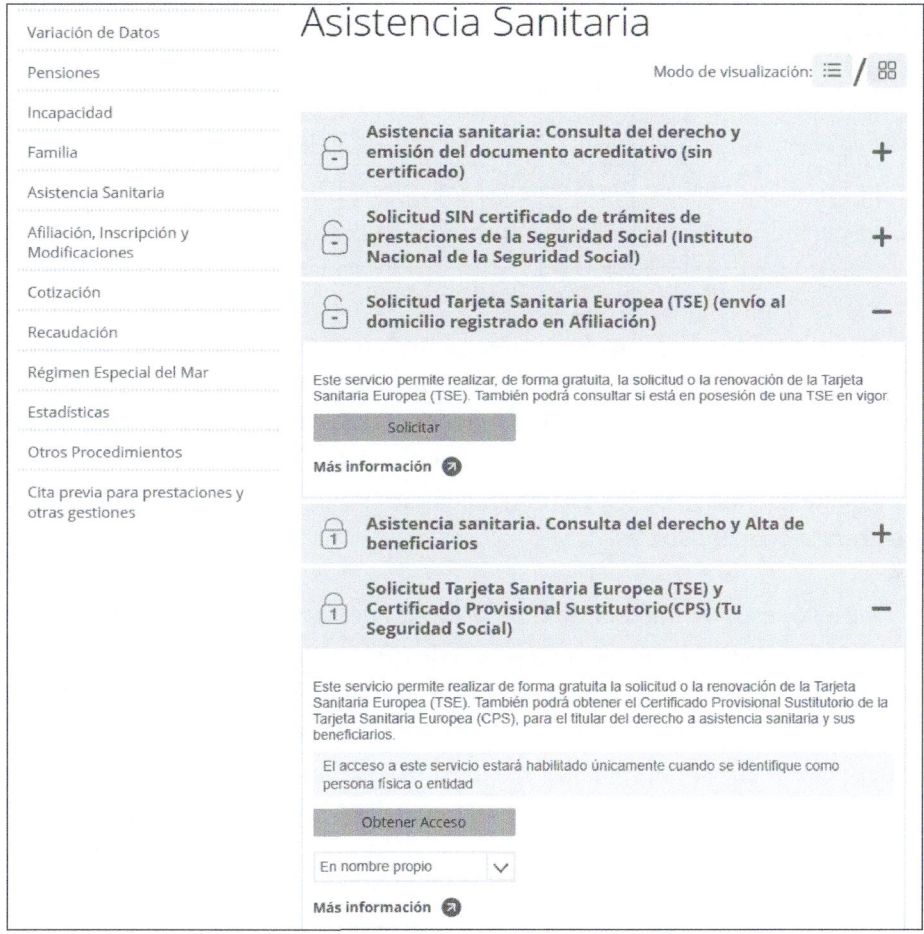

Formas de acceso para solicitar la TSE en la Sede Electrónica

Independientemente de la forma de solicitud de la TSE, la tarjeta se enviará en un plazo inferior a 5 días al domicilio que figura en las bases de datos de la Seguridad Social.

Importante

Es imprescindible tener actualizada la dirección en la base de datos de la Seguridad Social, ya que, en caso contrario, no se recibiría correctamente la Tarjeta Sanitaria Europea.

La validez de la TSE es la que se corresponde con la fecha de caducidad indicada en ella, aunque suele ser de dos años. Eso sí, la vigencia de la TSE está condicionada a que el titular siga reuniendo los requisitos que dieron lugar a su obtención. En caso de incumplimiento de requisitos y de utilización de asistencia sanitaria, los gastos originales podrán ser reclamados en concepto de prestaciones indebidas.

Por ello, es muy importante que, antes de desplazarse a cualquier país del Espacio Económico Europeo, a Reino Unido o a Suiza, se compruebe que se dispone de TSE y que esta sigue siendo válida. En caso contrario, deberá solicitarse una tarjeta nueva para garantizar la cobertura sanitaria durante la estancia.

En la siguiente tabla se muestran los países en los que tiene validez la Tarjeta Sanitaria Europea:

Países en los que es válida la Tarjeta Sanitaria Europea				
Alemania	Eslovaquia	Irlanda	Malta	Rumanía
Austria	Eslovenia	Islandia	Noruega	Suecia
Bélgica	Estonia	Italia	Países Bajos	Suiza
Bulgaria	Finlandia	Letonia	Polonia	
Chipre	Francia	Liechtenstein	Portugal	
Croacia	Grecia	Lituania	Reino Unido	
Dinamarca	Hungría	Luxemburgo	República Checa	

 **Actividades**

3. Acceda a la Sede Electrónica de la Seguridad Social y realice un esquema de todos los pasos que deben llevarse a cabo para solicitar la Tarjeta Sanitaria Europea o TSE.

El Certificado Provisional Sustitutorio o CPS de la Tarjeta Sanitaria Europea

El Certificado Provisional Sustitutorio (CPS) de la Tarjeta Sanitaria Europea es un documento de carácter personal e intransferible que acredita el derecho de su titular a recibir las prestaciones sanitarias que resulten necesarias durante una estancia limitada temporalmente en el territorio del Espacio Económico Europeo, Reino Unido o en Suiza.

Este documento será válido durante el periodo indicado en este y se emite por 90 días como máximo desde su fecha de inicio.

El derecho a percibir dichas prestaciones dependerá de la naturaleza de estas y de la duración de la estancia prevista, atendiendo a lo establecido en la legislación del país de estancia, independientemente de si dicha estancia se realiza por turismo, por alguna actividad profesional o por estudios.

Es importante remarcar que el CPS no será válido si dicha estancia se lleva a cabo con la finalidad de recibir tratamiento médico o si se produce un traslado de residencia a otro Estado miembro.

4. Resumen

El objetivo principal de la asistencia sanitaria de la Seguridad Social es prestar los servicios médicos y farmacéuticos necesarios para conservar y restablecer la salud de sus beneficiarios, además de mantener un estado de salud óptimo para desempeñar la actividad laboral y lograr una recuperación profesional completa.

Respecto al Régimen General, la asistencia sanitaria de la Seguridad Social se lleva a cabo con fondos públicos a través del Sistema Nacional de Salud o SNS y estará garantizada para todas aquellas personas que tengan la condición de titular.

Además de las personas que tienen la condición de titular en el Régimen General de la Seguridad Social, también hay determinados colectivos que pueden integrarse en una serie de regímenes especiales como el Régimen Especial de Trabajadores por Cuenta Propia o Autónomos, el Régimen Especial de Minería del Carbón y el Régimen Especial de Trabajadores del Mar.

El Régimen Especial Agrario y el Régimen Especial de Empleados del Hogar están integrados en el Régimen General a través de un sistema especial para estos trabajadores.

Por otra parte, cuando un ciudadano español se desplaza por Europa, puede solicitar la Tarjeta Sanitaria Europea para que pueda seguir disfrutando de los servicios de la asistencia sanitaria. Se trata de un documento personal e intransferible y acredita a su titular a tener derecho a recibir las prestaciones necesarias durante una estancia temporal dentro del Espacio Económico Europeo, Reino Unido o en Suiza.

Para poder solicitar esta tarjeta es necesario cumplir una serie de requisitos por lo que, cada vez que un ciudadano quiera salir fuera de España, deberá comprobar que se siguen cumpliendo dichos requisitos y que, en consecuencia, la tarjeta sigue en vigor. En caso contrario, si el ciudadano requiere asistencia sanitaria en el extranjero y no tiene derecho a la tarjeta sanitaria europea deberá cubrir los gastos del servicio en concepto de prestaciones indebidas.

Ejercicios de repaso y autoevaluación

1. **Complete la siguiente oración:**

El sistema de la _____ ejerce su acción protectora a través de una serie de prestaciones y servicios dirigidos a sus _____, a los ciudadanos y a aquellas personas que se encuentren en situación de _____.

2. **¿Cuál es el Real Decreto Legislativo por el que se aprueba el Texto Refundido de la Ley General de la Seguridad Social?**

    a. El Real Decreto Legislativo 9/2015.
    b. El Real Decreto Legislativo 8/2015.
    c. El Real Decreto Legislativo 8/2013.
    d. El Real Decreto Legislativo 2/2015.

3. **El sistema de la Seguridad Social viene integrado por dos regímenes distintos:**

    a. Régimen General y Régimen Espacial.
    b. Régimen Genérico y regímenes especiales.
    c. Régimen General y regímenes especiales.
    d. Todas las opciones son correctas.

4. **Complete la siguiente oración:**

El régimen _____ es el que tiene mayor relevancia dentro del sistema de la _____, hasta tal punto que la Ley General de la Seguridad Social dedica el _____ a tratar todas las peculiaridades y especificaciones de este régimen.

5. **Los trabajadores que prestan voluntariamente sus servicios retribuidos dentro del ámbito de la organización y dirección de otra persona física o jurídica, denominada empleador o empresario, se denominan:**

    a. Trabajadores por cuenta propia.
    b. Trabajadores por cuenta interna.

  c. Trabajadores por cuenta autónoma.

  d. Trabajadores por cuenta ajena.

6. **Indique cuáles de los siguientes colectivos están excluidos del Régimen General de la Seguridad Social:**

  a. Los trabajos realizados de forma ocasional como, por ejemplo, los servicios amistosos, benévolos o de buena vecindad.

  b. Los trabajos que conllevan la inclusión a algún régimen especial de la Seguridad Social.

  c. Los trabajos realizados por profesores universitarios eméritos, así como por el personal licenciado sanitario emérito.

  d. Los trabajos por cuenta ajena.

7. **Complete el siguiente esquema mencionando las situaciones protegidas que cubre el Sistema Nacional de Salud cuando ejerce la acción protectora de la Seguridad Social:**

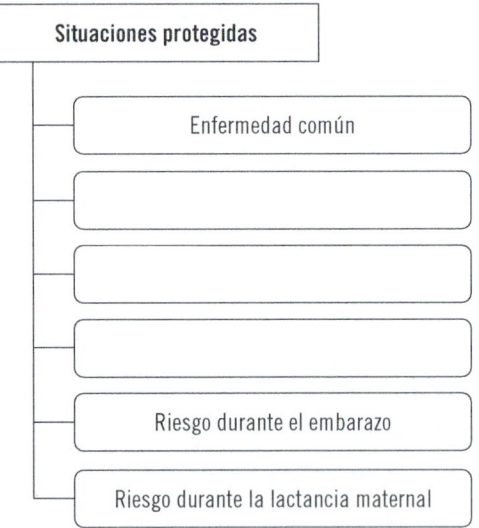

Situaciones protegidas

Enfermedad común

Riesgo durante el embarazo

Riesgo durante la lactancia maternal

8. **Complete la siguiente oración:**

El contenido de las prestaciones a las que tienen derecho los _____ o _____ de la asistencia sanitaria está recogido en el _____ de prestaciones del Sistema Nacional de Salud que está regulado por el artículo _____ de la _____, de 28 de mayo, de Cohesión y Calidad del Sistema Nacional de Salud.

9. **Indique cuáles de los servicios asistenciales forman parte de la cartera común básica:**

    a. Actividades de prevención.
    b. Prestaciones ortoprotésicas.
    c. Prestaciones farmacéuticas.
    d. Transporte sanitario urgente.

10. **¿Qué es la Tarjeta Sanitaria Europea? ¿Para qué sirve?**

    _____
    _____
    _____
    _____

Capítulo 3
Tipos de prestaciones económicas y/o asistenciales

Contenido

1. Introducción

Como ya se ha ido comentando en los capítulos anteriores, las prestaciones son una serie de medidas implantadas por el sistema de la Seguridad Social con la finalidad de prever, reparar o solventar ciertas situaciones de necesidad, que suelen originar una pérdida de ingresos o unos gastos excesivos en aquellos que los sufren.

Hay cuatro tipos de prestaciones de la Seguridad Social: pensiones (prestaciones de carácter económico), subsidios (también de carácter económico), indemnizaciones (económicas también) y otras prestaciones de carácter asistencial.

La diferencia entre las distintas prestaciones económicas radica en el devengo, la duración y las veces que una misma persona puede percibirla por una misma causa.

En este capítulo se irán comentando los distintos tipos de prestaciones económicas y asistenciales a las que tienen derecho los ciudadanos y las características de cada una de ellas.

2. Introducción a las prestaciones económicas y/o asistenciales

Las prestaciones son una serie de medidas ofrecidas por el sistema de la Seguridad Social que tienen como finalidad principal la prevención, reparación o subsanación de ciertas situaciones de necesidad que originan una reducción de los ingresos o un incremento excesivo de los gastos que sufren dichas situaciones.

Estas prestaciones pueden ser de cuatro tipos distintos:

- **Pensiones:** se trata de prestaciones económicas que se devengan periódicamente y se perciben de forma vitalicia o hasta llegar a una edad determinada.
- **Subsidios:** prestaciones económicas que también se devengan periódicamente y tienen una duración temporal.
- **Indemnizaciones:** prestaciones económicas que solo se abonan una vez por una misma causa y persona.

- **Otras prestaciones:** en esta categoría se engloban prestaciones de carácter no económico como la protección familiar y prestaciones económicas como la prestación por desempleo.

Todas estas prestaciones tienen una serie de características comunes:

- Son públicas, al contemplarse en el artículo 41 de la Constitución española.
- Son intransmisibles e irrenunciables, ya que los beneficiarios no pueden renunciar a su derecho ni transmitirlas a terceras personas, salvo casos de incompatibilidades de prestaciones.
- Tienen garantías frente a terceros, ya que no pueden utilizarse como objeto de descuento o compensación, salvo determinadas circunstancias establecidas por el sistema de la Seguridad Social.
- Solo se pueden embargar en los términos y cuantías establecidos en la Ley de Enjuiciamiento Civil, en casos de pensiones y rentas con naturaleza salarial.
- Son de cobro preferente, tienen carácter privilegiado frente a otros pagos de la Seguridad Social.
- Están sujetos a un tratamiento fiscal específico, estipulado en la normativa de cada impuesto.

En los siguientes apartados se comentan los distintos tipos de prestaciones económicas y/o asistenciales del sistema de la Seguridad Social, junto con sus rasgos principales, así como las características y requisitos de los beneficiarios.

Actividades

1. Describa las diferencias principales entre pensión, indemnización y prestación.

3. Incapacidad temporal

Las prestaciones por incapacidad temporal tienen como finalidad cubrir la falta de ingresos que se genera cuando el trabajador se encuentra imposibilitado para trabajar y necesita asistencia sanitaria de la Seguridad Social.

Nota

Un trabajador puede encontrarse en situación de incapacidad temporal por enfermedad o por accidente, laboral o no laboral.

Se consideran situaciones que determinan la incapacidad temporal las siguientes:

- Situaciones que se deben a enfermedad, sea común o profesional, y a accidente, laboral o no laboral, mientras que el trabajador se encuentre impedido para desempeñar su trabajo y perciba asistencia sanitaria de la Seguridad Social.
- Periodos de observación derivados de una enfermedad profesional, en los que se prescriba la baja laboral durante estos.

- Situaciones especiales de las mujeres trabajadoras relacionadas con la menstruación incapacitante secundaria; la interrupción del embarazo (voluntaria o no) durante la asistencia sanitaria que impida la realización del trabajo; y la de gestación desde la semana 39.

Serán beneficiarios de las prestaciones económicas por incapacidad temporal las siguientes personas integradas en el Régimen General que reúnan una serie de requisitos:

- Estén afiliados y en situación de alta o asimilada a la de alta en la fecha del hecho causante.
- En los casos de enfermedad común, haber cotizado un periodo mínimo de 180 días dentro de los 5 años inmediatamente anteriores al hecho causante.
- En los casos de accidente, laboral o no laboral, enfermedad profesional, interrupción del embarazo o en el supuesto de menstruación incapacitante secundaria, no se exige periodo previo de cotización.
- En la situación especial de gestación desde la semana 39, se exigen los periodos mínimos de cotización siguientes: si la mujer tiene entre 21 y 26 años, el periodo es de 90 días dentro de los 7 años anteriores al descanso o 180 días a lo largo de su vida laboral; si la mujer tiene 26 o más años, el periodo es de 180 días en los 7 años previos o 360 días a lo largo de su vida laboral. No se exige periodo mínimo de cotización para las mujeres menores de 21 años.

Tramitación y comunicación de la incidencia de incapacidad temporal

Cuando se produce una situación por incapacidad temporal del trabajador, este recibe del médico una copia del parte de baja, confirmación o alta, según corresponda. Los distintos interesados deben llevar a cabo una serie de actuaciones para una correcta comunicación y gestión de la incidencia causada:

- El primer día hábil después de la expedición del parte, el servicio público de salud, la mutua o la empresa colaboradora debe remitir al INSS, por vía telemática, el contenido de dichos partes. El trabajador debe recibir del médico una copia del parte de baja, confirmación o alta emitidos, como mera información.

■ El INSS debe comunicar a la empresa los datos identificativos de los partes de baja, confirmación y alta de sus trabajadores emitidos por el médico, como máximo, en el primer día hábil siguiente a la recepción por dicho organismo. Además, envía mediante sistema RED, los datos económicos para calcular la prestación correspondiente.

■ Con carácter general, la empresa está obligada a remitir de inmediato (o en el plazo máximo de tres días hábiles desde la recepción de la comunicación del parte de baja) al INSS mediante sistema RED, los datos identificativos del trabajador, el régimen de la Seguridad Social al que está acogido, el CCC, el tipo de contrato y una breve descripción de las funciones que desarrolla en la empresa (anexo III Orden ESS/1187/2015, de 15 de junio).

■ El INSS, por su parte, debe transmitir los partes médicos y los datos comunicados por las empresas en el primer día hábil después de su recepción a quienes gestionen la prestación económica por la incapacidad temporal (la mutua o el Instituto Social de la Marina/ISM). Además, debe facilitar a la Tesorería General de la Seguridad Social los datos de los trabajadores que estén en situación de incapacidad temporal.

■ Cuando el inspector médico del INSS o del ISM expida el parte de alta, se debe cumplir con las siguientes obligaciones:

▮ El INSS o el ISM debe entregar una copia del parte de alta al correspondiente Servicio Público de Salud y otra a la mutua en el primer día hábil siguiente a su expedición, para que dicten acuerdo sobre la extinción de la incapacidad temporal.

▮ El inspector médico debe entregar una copia al trabajador, para que tenga constancia de ello y para que se incorpore al trabajo al día siguiente.

▮ La entidad gestora debe comunicar a la empresa (como mera información) los datos de los partes de alta de los trabajadores, como máximo, el primer día hábil siguiente a la expedición de dichos partes.

Nota

El trabajador no está obligado a informar a su empresa sobre el proceso de incapacidad temporal mediante la entrega de los partes correspondientes.

Expedición de los partes de baja, confirmación de la baja y alta

El proceso de expedición de los partes de baja y confirmación depende de la duración de la IT estimada por el médico. Según este periodo de tiempo existen cuatro procesos:

- Si la duración es **inferior a 5 días naturales,** el parte de baja y el de alta se emite en el mismo momento, pudiendo ser la fecha de alta la misma que la de la baja o alguna de los tres días naturales siguientes. El trabajador tiene derecho a una revisión médica llegada la fecha estimada del alta, para comprobar su estado de salud. Si no está recuperado, se puede emitir un parte de confirmación de la baja.
- Si la duración es **entre 5 y 30 días naturales,** en el parte de baja se indica la fecha de la revisión médica que debe ser a lo largo de los siete días naturales siguientes a la baja inicial. Llegada la fecha, se realiza una revisión médica para emitir el alta o la confirmación de la baja, según corresponda. En la expedición de los siguientes partes de confirmación, si existen, no puede haber más de 14 días naturales entre ellos.
- Si la duración es **entre 31 y 60 días naturales,** en el parte de baja inicial y en la primera confirmación de la baja se siguen las mimas reglas que en el apartado anterior. En la expedición de los siguientes partes de confirmación de la baja, de existir, no puede haber más de 28 días naturales entre ellos.
- Si la duración es **igual o mayor a 61 días naturales,** en el parte de baja se indica la fecha de la revisión médica que debe ser a lo largo de los catorce días naturales siguientes a la baja inicial. Llegada la fecha, se realiza una revisión médica para emitir el alta o la confirmación de la baja,

según corresponda. En la expedición de los siguientes partes de confirmación, de existir, no puede haber más de 35 días naturales entre ellos.

 Nota

El médico tiene potestad para establecer un plazo inferior en las revisiones médicas pertinentes.

Comunicación de la incapacidad temporal a la TGSS por medios telemáticos y/o informáticos

Las comunicaciones de partes médicos de baja, confirmación de baja y alta se pueden hacer a través de:

- WinSuite32. Los ficheros se remiten a la TGSS por medio de un procedimiento parecido al utilizado en las cotizaciones.
- Sistema RED Online. Se realiza eligiendo la opción Incapacidad Temporal Online que existe en su página Web.

Para comunicar una situación de incapacidad temporal utilizando la opción **Incapacidad Temporal *Online*** (aplicación INCAWEB), dentro del Sistema RED, una vez seleccionada dicha opción, se mostrarán todas las transacciones que se pueden realizar a través de la misma:

- Grabar partes médicos
- Consultar partes
- Anular partes
- Emisión de informes

Si se quiere comunicar un parte, se elegirá la pestaña **Grabación partes** y aparecerá la siguiente pantalla:

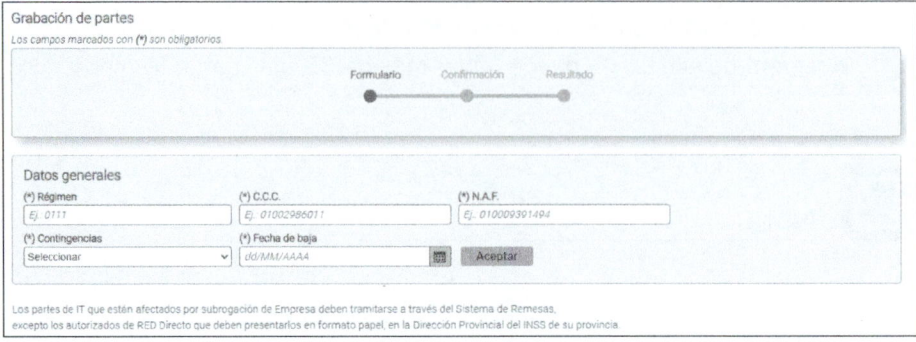

En esta pantalla, se deberá cumplimentar lo siguiente:

- Régimen de cotización del trabajador
- CCC: Código de cuenta de cotización
- NAF: Número de afiliación
- Contingencia

Cuando los datos introducidos son correctos, puede ocurrir que se cargue de forma automática el formulario de los datos económicos o que se pueda elegir el tipo de parte a grabar. En este último caso, en el bloque de **Datos generales** aparecerán nuevos campos, como los que se muestran a continuación:

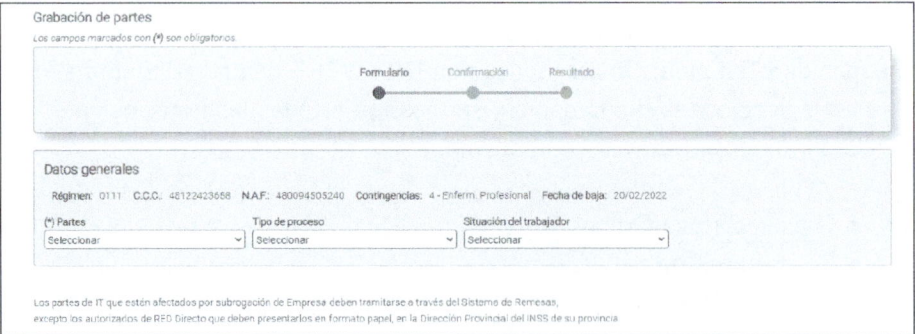

Grabar un parte de datos económicos

El formulario de datos económicos se cumplimenta una vez la empresa haya recibido los datos de los partes de baja procedentes del FIE/FIER (servicio que proporciona información sobre las prestaciones reconocidas por el INSS a los trabajadores relacionados con un CCC concreto). Como se muestra en la imagen, y dependiendo del tipo de contingencia indicada previamente, el formulario va a mostrar distintos bloques.

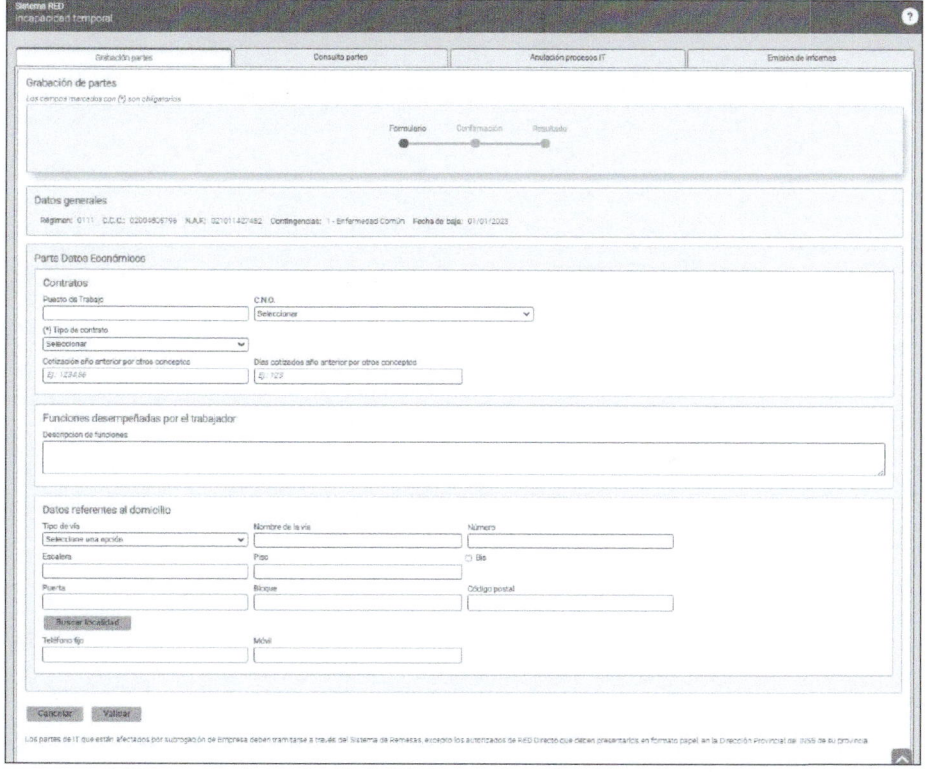

Para confirmar los datos introducidos se hace clic en el botón **Validar.** Si son correctos se accede directamente a la pantalla donde se confirman definitivamente los datos y a otra donde se muestra un resumen de la operación grabada. Si son incorrectos, aparecerá una ventana indicando los errores localizados.

Grabar un parte médico de baja

Se seleccionará en el campo **Partes** la opción **Baja** y aparecerá el siguiente formulario:

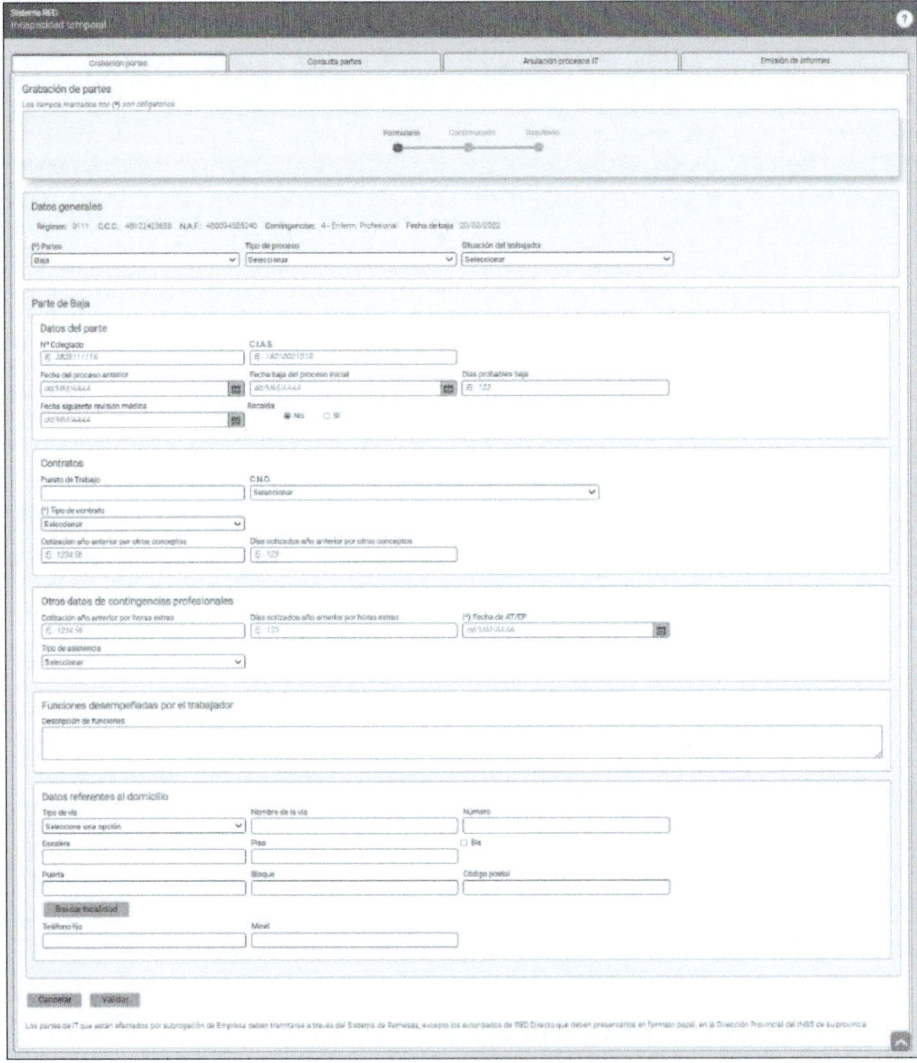

Como se puede deducir en la imagen, se introducirán los distintos datos del trabajador y del parte de baja:

■ Datos del parte (datos médicos cumplimentados por el servicio público de salud o la mutua).

■ Contratos: tipo de contrato del trabajador e información de las bases de cotización.

■ Otros datos de contingencias profesionales.

■ Datos personales relativos al domicilio del trabajador.

■ Funciones del trabajador.

Una vez cumplimentado, se pulsa sobre el botón **Validar** y, si los datos son correctos, aparecerá una ventana de confirmación de los datos del trabajador y de la baja. Al confirmar la operación, la grabación tomará efecto y aparecerá una ventana de notificación en la que se comunica que la grabación se ha realizado con éxito.

Grabar un parte médico de confirmación

Se seleccionará la opción **Confirmación** del campo **Partes** y aparecerá la siguiente ventana:

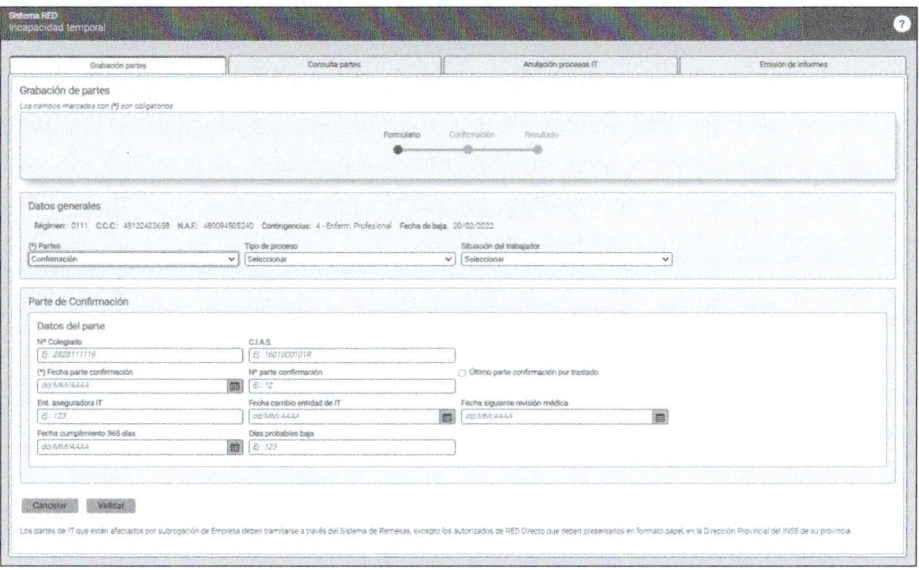

En este caso solo habrá que cumplimentar los datos generales del trabajador y los datos del parte de confirmación de baja (n.º de colegiado que lo autoriza, fecha del parte de confirmación, entidad aseguradora IT, etc.).

Eso sí, la fecha de parte de confirmación debe ser posterior a la fecha de baja médica y anterior a la fecha de alta.

Una vez cumplimentado, se pulsa sobre el botón **Validar** y, si los datos son correctos, aparecerá una ventana de confirmación de los datos del trabajador y de la baja. Al confirmar la operación, la grabación tomará efecto y aparecerá una ventana de notificación en la que se comunica que la grabación se ha realizado con éxito.

Cumplimentar un parte de alta

El proceso es muy similar a los anteriores, pero más simple. En este caso, se selecciona la opción **Alta** del campo **Partes** y simplemente hay que introducir información sobre el parte de alta (Nº colegiado, fecha del alta, causa, etc.), los contratos, otros datos de contingencias profesionales y las funciones que desarrolla el trabajador.

Una vez cumplimentado el formulario, se pulsa sobre **Validar** y, si los datos son correctos, aparecerá una ventana de confirmación de los datos del trabajador y del alta. Al confirmar la operación, la grabación tomará efecto y aparecerá una ventana de notificación en la que se comunica que la grabación se ha realizado con éxito.

Cuantía de la prestación

La cuantía de la prestación por incapacidad temporal se calculará en función de la base reguladora y de la causa de la incapacidad temporal.

Así, la base reguladora se calculará dividiendo el importe de la base de cotización del trabajador en el mes anterior al de la fecha de inicio de la incapacidad por el número de días a los que se refiere dicha cotización.

 **Nota**

Un trabajador puede encontrarse en situación de incapacidad temporal por enfermedad o por accidente, laboral o no laboral. Si el trabajador tiene salario mensual, el divisor será de 30 días, pero si el trabajador tiene salario diario, habrá que dividir entre los días que tenga el mes (28, 29, 30 o 31, según corresponda).

Por ejemplo, si un trabajador entró en situación de incapacidad temporal el 15 de abril y tiene un salario mensual y una base de cotización en marzo de 1.000 €, la base reguladora se calculará del siguiente modo:

> 1.000 € / 30 días = 33,33 €/día (porque es salario mensual)

Por el contrario, si el trabajador entró en situación de incapacidad temporal el 15 de abril y en marzo tuvo una base de cotización de 1.000 € con salario diario, la base reguladora se calculará del siguiente modo:

> 1.000 € / 31 días = 32,26 €/día (porque marzo tiene 31 días)

Si el trabajador hubiese comenzado a trabajar en el mismo mes en el que se da la situación de incapacidad temporal, habrá que tomar como base reguladora la base de cotización de dicho mes, dividida por los días cotizados efectivamente. También se tomará este divisor en aquellos casos en los que el trabajador no haya estado en situación de alta durante todo el mes natural anterior.

Así, cuando la causa de la incapacidad temporal sea una enfermedad común o un accidente no laboral, la prestación económica dependerá de los días de baja del trabajador, tal como se muestra en la siguiente tabla:

Días de baja	Cuantía de la prestación	¿Quién paga la prestación?
Del primer al tercer día	No percibe prestación	Nadie
Del cuarto al 15.º día	60 % de la base reguladora	La empresa
Del 16.º al 20.º día	60 % de la base reguladora	El Instituto Nacional de la Seguridad Social o la mutua correspondiente
A partir del 21.º día	75 % de la base reguladora	El Instituto Nacional de la Seguridad Social o la mutua correspondiente

En el caso de accidente de trabajo o de enfermedad profesional, el trabajador empezará a percibir su prestación desde el día siguiente al que se produzca el hecho. Percibirá una cuantía correspondiente al 75 % de la base reguladora.

 Nota

La duración máxima de prestación por incapacidad temporal es de 365 días prorrogables por otros 180, si durante ese último periodo se prevé su curación.

En las situaciones especiales de incapacidad temporal para las mujeres trabajadoras, la prestación es:

- Menstruación incapacitante secundaria: del día 1° al 20° le corresponde el 60 % de la base reguladora; y a partir del 21°, el 75 %.

- Interrupción del embarazo y semana 39º de gestación: el día primero, le corresponde el salario; del 2º día al 20º, el 60 % de la base reguladora; y a partir del 21º día, el 75 %.

El derecho a percibir este tipo de prestación se extingue por los siguientes motivos:

- Por haber transcurrido el plazo máximo.
- Por alta médica del trabajador.
- Porque el trabajador ha pasado a ser pensionista.
- Porque el trabajador no se ha presentado a los reconocimientos médicos correspondientes.
- Por fallecimiento del trabajador incapacitado.

 Ejemplo

Un trabajador tiene salario mensual y una base de cotización mensual de 1.500 €. El día 1 de junio se da de baja por enfermedad común y sigue de baja todo el mes. La prestación económica por incapacidad temporal que percibirá el trabajador será la siguiente:

Base reguladora: 1.500 / 30 días = 50 €/día

Prestación:

- Del 1 al 3 de junio: no tiene derecho a prestación.
- Del 4 al 15 de junio (12 días): 60 % × (12 días × 50 €/día) = 360 € (a cargo de la empresa).
- Del 16 al 20 de junio (5 días): 60 % × (5 días × 50 €/día) = 150 € (a cargo de la mutua o del INSS).
- Del 21 al 30 de junio (10 días): 75 % x (10 días x 50 €/día) = 375 € (a cargo de la mutua o del INSS).
- Total prestación a percibir = 360 +150 +375 = 885 €.

Actividades

2. A partir de una nómina suya o de cualquier familiar, calcule la prestación por incapacidad temporal que hubiese podido percibir si hubiese estado de baja del 1 al 10 de abril.
3. Ponga ejemplos de supuestos por los que puede darse una situación de incapacidad temporal.

 Aplicación práctica

Martina trabaja en la empresa Industria Solesa, S. A., y tiene salario mensual y una base de cotización mensual de 1.200 €. El día 15 de junio se da de baja por enfermedad común y sigue de baja el resto del mes.

Calcule la prestación económica por incapacidad temporal que percibirá la trabajadora en el mes de junio.

SOLUCIÓN

La base reguladora es de 1.200 / 30 = 40 € diarios.

Martina se da de baja el día 15 de junio por lo que, del 1 al 14, percibe su salario normal, el 100 % de la base de cotización, 40 € diarios: 40 × 14 = 560 €.

En relación a la incapacidad temporal, Martina percibirá lo siguiente:

▮ Del 15 al 17 de junio: no tiene derecho a prestación.
▮ Del 18 al 29 de junio (12 días) percibe el 60 % a cargo de la empresa: 60 % de (40 × 12) = 288 €.
▮ El 30 de junio percibe el 60 % a cargo del INSS o de la mutua: 60 % × 40 = 24 €.

Total bruto a percibir: 560 + 288 + 24 = 872 €.

Procedimientos de seguridad y control de las incidencias relacionadas con la incapacidad para el trabajo del empleado

En todas las empresas deben existir una serie de procedimientos de seguridad y control de las incidencias, especialmente aquellas que estén relacionadas con la incapacidad del empleado para llevar a cabo su trabajo.

Este sistema sirve para la inspección y control del personal, además de prever la necesidad de contratar personal para sustituir a aquellos que se encuentran en situación de incapacidad.

Como ya se ha ido comentando anteriormente, la ausencia del trabajador justificada por una situación de incapacidad temporal se controla mediante los consiguientes partes médicos y de las mutuas. Con estos, la empresa puede cuantificar e identificar con mayor precisión qué ha provocado la situación de incapacidad.

En determinadas ocasiones, incluso, los partes médicos pueden facilitar información que permita a la empresa plantear medidas que permitan reducir el absentismo laboral de este tipo aplicando una correcta política de prevención de riesgos laborales.

Por ejemplo, si un gran número de empleados de una misma oficina, que utilizan el mismo mobiliario, presentan problemas de dolores de espalda es posible que se deba a una mala postura o a un mobiliario inadecuado. Gracias al examen de los partes de baja, la empresa puede detectar esta casuística y llevar a cabo medidas de prevención que reduzcan esta causa de incapacidad como, por ejemplo, la adquisición de sillas nuevas, reposapiés o la formación de los trabajadores para la corrección de la postura en horario laboral.

Para un mejor control de estas situaciones, las empresas suelen tener un registro (generalmente informático, una hoja de cálculo o una aplicación específica) en el que se resumen todas las incidencias relacionadas con el absentismo laboral, tanto justificado (por causas de incapacidad, vacaciones, permisos, etc.) como injustificado.

De este modo, se ejerce una mejor previsión del personal ante necesidades de producción o de oferta de servicios y se evitan situaciones de sobrepersonal o falta del mismo.

Además, dentro del expediente del trabajador se incluyen todas sus ausencias (justificadas o no), además de su horario laboral y de las horas extra que este ha trabajado para un correcto reflejo de las distintas situaciones en la nómina del trabajador.

4. Riesgo durante el embarazo y lactancia natural

En este caso, hay que diferenciar entre las prestaciones que se dan por la ocurrencia de dos riesgos distintos:

- Riesgo durante el embarazo.
- Riesgo durante la lactancia natural.

4.1. Riesgo durante el embarazo

Atendiendo a lo estipulado por la Seguridad Social, esta prestación durante el embarazo tiene como finalidad cubrir la pérdida de ingresos que se origina cuando se suspende el contrato de una trabajadora por producirse un riesgo durante el embarazo. Eso sí, solo se suspende el contrato por riesgo durante el embarazo cuando la trabajadora, debiendo cambiar de puesto de trabajo o de actividad por otro compatible con su estado, este cambio no es técnica u objetivamente posible o no puede exigirse razonablemente por motivos justificados.

En aquellas trabajadoras que ejercen su trabajo por cuenta ajena, el derecho a la prestación nace el mismo día en que se inicia la suspensión del contrato de trabajo por riesgo durante el embarazo.

Cuantía de la prestación

La prestación económica consistirá en un subsidio correspondiente al 100 % de la base reguladora. Esta base reguladora será la misma que se establezca para la prestación de incapacidad temporal (IT) derivada de contingencias profesionales, tomando como referencia el día en el que se inicia la suspensión del contrato.

Cuando la trabajadora se encuentre en situación de incapacidad temporal y, durante la misma, solicite la prestación por riesgo durante el embarazo, esta no procederá hasta que se extinga la situación de incapacidad temporal por cualquiera de las causas legal o reglamentariamente establecidas.

 Ejemplo

Ana tiene una base de cotización mensual de 950 €/mes y el 16 de abril se produce la suspensión de su contrato de trabajo por riesgo durante el embarazo. Tendrá derecho a la siguiente prestación durante el mes de abril:

▌ Base reguladora: 950 / 30 días = 31,67 € diarios.
▌ Prestación: 100 % por 15 días (del 16 al 30 de abril) x 31,67 = 475,05 €.

En este caso habrá que tener en cuenta que Ana percibirá su salario normal correspondiente a los días 1-15 de abril por haber estado en situación de alta.

El derecho a percibir este subsidio se extinguirá por los siguientes motivos:

■ Suspensión del contrato de trabajo por nacimiento y cuidado de menor.
■ Reincorporación de la trabajadora a su puesto de trabajo anterior o a otro compatible con su estado.
■ Extinción del contrato de trabajo por causas legalmente establecidas.
■ Interrupción del embarazo.
■ Fallecimiento de la beneficiaria.

 **Nota**

Tanto la trabajadora como la empresa deberán comunicar a la entidad gestora o colaboradora cualquier circunstancia que implique la suspensión o extinción del derecho a este subsidio.

4.2. Riesgo durante la lactancia natural

La prestación por riesgo durante la lactancia natural tiene como finalidad cubrir la pérdida de ingresos que se origina cuando se suspende el contrato de trabajo de la trabajadora por riesgo durante la lactancia natural de un menor de nueve meses. Eso sí, solo en aquellos casos en los que, debiendo cambiar de puesto de trabajo o de actividad por otro compatible con la situación de la trabajadora, dicho cambio no es técnica u objetivamente posible o no puede exigirse razonablemente por motivos justificados.

En estos casos, la trabajadora debe comunicar a la entidad gestora o a la mutua colaboradora con la Seguridad Social la suspensión del contrato por riesgo durante la lactancia natural. Además, acompañará dicha comunicación con los siguientes documentos:

- Informe médico del Servicio Público de Salud que asiste a la trabajadora.
- Declaración de la empresa (en caso de estar contratada por cuenta ajena) o de la trabajadora por cuenta propia sobre los trabajos y actividades realizados, condiciones del puesto de trabajo, categoría, riesgos específicos, etc.

Una vez recibida la comunicación, los servicios médicos de la entidad gestora o de la mutua deberán emitir un certificado en el que se acredite que las condiciones del puesto influyen negativamente en la salud de la trabajadora, del hijo o de ambos.

Además, la trabajadora deberá presentar la solicitud siguiendo un modelo oficial, que deberá acompañar de los documentos siguientes:

- Declaración de la empresa en la que manifieste la inexistencia de otro puesto de trabajo compatible con la trabajadora.
- Toda aquella documentación que sea necesaria para acreditar la identidad y las circunstancias determinantes del derecho.

Una vez recibida la solicitud, el director provincial de la entidad gestora de la provincia de la interesada deberá dictar y notificar la resolución de la misma a la interesada en un plazo máximo de 30 días.

El derecho a percibir la prestación nace el mismo día en el que comienza la suspensión del contrato por riesgo durante la lactancia.

 Importante

No procederá el reconocimiento de la prestación económica por riesgo durante la lactancia hasta que no se haya extinguido el periodo de descanso por nacimiento y cuidado de menor.

Cuantía de la prestación

La prestación económica consistirá en un subsidio correspondiente al 100 % de la base reguladora. Esta base reguladora será la misma que se establezca para la prestación de incapacidad temporal (IT) derivada de contingencias profesionales, tomando como referencia el día en el que se inicia la suspensión del contrato.

Ejemplo

Marta tiene una base de cotización mensual de 1.200 €/mes y el 10 de mayo se produce la suspensión de su contrato de trabajo por riesgo durante la lactancia natural de su hijo. Tendrá derecho a la siguiente prestación durante el mes de mayo:

I Base reguladora: 1.200 / 30 días = 40 € diarios.
I Prestación: 100 % por 22 días (del 10 al 31 de mayo) × 40 = 880 €.

El derecho a percibir el subsidio por riesgo durante la lactancia natural se extinguirá en los siguientes supuestos:

- Cuando el hijo cumpla los nueve meses de edad.
- Cuando la trabajadora se reincorpore a su puesto de trabajo o actividad profesional anterior o a otros compatibles con su situación.
- Cuando se extinga el contrato de trabajo por causas legalmente establecidas o se produzca el cese en el ejercicio de la actividad profesional.
- Cuando se interrumpa la lactancia natural.
- Por fallecimiento de la trabajadora o del hijo lactante.

Del mismo modo que en el riesgo por embarazo, tanto la trabajadora como la empresa deberán comunicar a la entidad gestora o colaboradora cualquier circunstancia que implique la suspensión o extinción del derecho a este subsidio.

Actividades

4. Realice un cuadro comparativo con las similitudes y diferencias entre la prestación por riesgo en el embarazo y la prestación por riesgo durante la lactancia natural.
5. Si una trabajadora pide la prestación por riesgo durante la lactancia natural, pero puede trabajar en otro puesto de trabajo compatible sin riesgo alguno, ¿tendría derecho a percibirla? Justifique su respuesta.

5. Nacimiento y cuidado de menor (maternidad y paternidad)

A partir de 01/04/2019, las prestaciones por maternidad y paternidad se unifican en una única prestación denominada nacimiento y cuidado de menor.

Se consideran situaciones protegidas durante los períodos de descanso y permisos que se disfruten por tales situaciones:

- El nacimiento de hijo o hija.
- La adopción, la guarda con fines de adopción y el acogimiento familiar de menores de 6 años o mayores de esa edad con discapacidad.

A efectos del subsidio contributivo por nacimiento y cuidado de menor, habrá que tener en cuenta las siguientes disposiciones:

- Serán beneficiarias las personas trabajadoras por cuenta ajena o propia, cualquiera que sea su sexo, siempre que, se encuentren en situación de alta o asimilada al alta, disfruten de los periodos de descanso/permiso por nacimiento y cuidado de menor y acrediten los períodos mínimos de cotización exigibles en cada caso.
- No obstante, también serán beneficiarias del subsidio por nacimiento las trabajadoras por cuenta ajena o propia que, en caso de parto, reúnan todos los requisitos establecidos para acceder a la prestación por nacimiento y cuidado de menor, salvo el período mínimo de cotización.

5.1. Requisitos

Para tener derecho a percibir el subsidio por nacimiento y cuidado de menor, se deberán cumplir los siguientes requisitos:

1. Estar afiliados o afiliadas y en alta o en situación asimilada al alta.
2. Tener cubierto un período mínimo de cotización que varía en función de la edad:

▪ Si las personas trabajadoras tienen menos de 21 años de edad en la fecha del parto o en la fecha de la decisión administrativa o judicial de acogimiento o de la resolución judicial por la que se constituye la adopción:

▪ No se exigirá período mínimo de cotización.

▪ Si las personas trabajadoras tienen cumplidos 21 años de edad y son menores de 26 en la fecha del parto o en la fecha de la decisión administrativa o judicial de acogimiento o de la resolución judicial por la que se constituye la adopción:

▪ 90 días dentro de los 7 años inmediatamente anteriores al momento del inicio del descanso o, alternativamente,
▪ 180 días cotizados a lo largo de su vida laboral con anterioridad a dicha fecha.

▪ Si las personas trabajadoras tienen cumplidos los 26 años de edad en la fecha del parto o en la fecha de la decisión administrativa o judicial de acogimiento o de la resolución judicial por la que se constituye la adopción:

▪ 180 días dentro de los 7 años inmediatamente anteriores al momento del inicio del descanso o, alternativamente,
▪ 360 días cotizados a lo largo de su vida laboral con anterioridad a dicha fecha.

3. Estar al corriente en el pago de las cuotas, de las que sean responsables directos las personas trabajadoras, aunque la prestación sea reconocida, como consecuencia del cómputo recíproco de cotizaciones, en un régimen de trabajadores por cuenta ajena.

5.2. Tiempo de descanso

En caso de parto se tendrá derecho al subsidio a partir del mismo día en que dé comienzo el período de descanso correspondiente:

- Desde el mismo día de la fecha del parto o la del inicio del descanso, de ser esta anterior.
- La madre biológica podrá anticipar el descanso con una anterioridad de 4 semanas a la fecha prevista para el parto, fecha que vendrá fijada en el informe de maternidad del Servicio Público de Salud. Esta decisión corresponde a la madre.

En el supuesto de que la madre biológica estuviera en situación de incapacidad laboral, el inicio del descanso y consiguiente subsidio tiene lugar en todo caso, en la fecha del parto.

En caso de adopción, guarda con fines de adopción o acogimiento bien a partir de la fecha de la resolución judicial por la que se constituye la adopción, bien a partir de la decisión administrativa de guarda con fines de adopción o de acogimiento.

En los supuestos de adopción internacional, cuando sea necesario el desplazamiento previo de los padres al país de origen del adoptado, podrá iniciarse el subsidio hasta 4 semanas antes de la resolución por la que se constituya la adopción.

En caso de nacimiento tanto la madre biológica como el otro progenitor distinto de la madre biológica disfrutarán completamente de los periodos de suspensión de 16 semanas, siendo las 6 semanas inmediatamente después del parto obligatorias para la madre biológica, ininterrumpidas y que deberán disfrutarse a jornada completa, y las otras 10 semanas que podrán disfrutar a jornada completa o parcial:

- De manera continuada al periodo obligatorio.
- De manera interrumpida, en cuyo caso, debe ser en periodos semanales (acumulados o independientes) desde la finalización de las 6 semanas obligatorias hasta que el hijo/a cumpla 12 meses de edad.
- El disfrute de cada periodo semanal o acumulación de periodos deberá comunicarlos el interesado a la empresa con una antelación mínima de 15 días.
- El disfrute a jornada completa o parcial de este periodo, requerirá un acuerdo entre la empresa y la persona trabajadora.

En los casos de fallecimiento del hijo/a, el periodo de suspensión no se verá reducido, salvo que se reincorporen al trabajo transcurridas las 6 semanas de descanso obligatorio.

En caso de fallecimiento de la madre biológica, con independencia de que realizara o no algún trabajo, el otro progenitor tendrá derecho a las dieciséis semanas previstas para la madre biológica.

Estos permisos de descanso se verán ampliados en una semana para cada progenitor por cada hijo/a, a partir del segundo, en caso de nacimiento múltiple y en caso de discapacidad del hijo/a.

En los casos de parto prematuro y aquellos supuestos en los que el neonato deba permanecer hospitalizado a continuación del parto, por un periodo superior a siete días, la prestación se podrá ampliar en tantos días como el nacido se encuentre hospitalizado, con un máximo de trece semanas adicionales. Esta ampliación se podrá disfrutar por cada uno de los progenitores, a partir del alta hospitalaria. Se excluyen de dicho cómputo las semanas de descanso obligatorio.

En caso de adopción, de guarda con fines de adopción y de acogimiento los descansos serán los mismos que vienen recogidos en caso de nacimiento.

 Nota

En el término madre biológica están incluidas las personas trans gestantes.

5.3. Cuantía de la prestación

La prestación económica por nacimiento y cuidado de menor consistirá en un subsidio equivalente al 100 % de la base reguladora. Esta se calcula dividiendo la base de cotización por contingencias comunes correspondiente al mes anterior del mes previo al nacimiento, adopción, guarda con fines de adopción o acogimiento, entre el número de días de dicha cotización.

El derecho a dicho subsidio se extinguirá por el transcurso de los plazos máximos de duración de los períodos de descanso, por la reincorporación voluntaria al trabajo del beneficiario del subsidio con anterioridad al cumplimiento del periodo solicitado, por fallecimiento del beneficiario o por adquirir el beneficiario la condición de pensionista de jubilación o incapacidad permanente.

 Nota

El art. 48 bis del Estatuto de los Trabajadores recoge un permiso parental destinado al cuidado del menor hasta que cumpla ocho años (hijo biológico o menor acogido por más de un año) y que consiste en un permiso no retribuido de 8 semanas como máximo.

 Actividades

6. Busque y enumere las diferencias entre maternidad biológica, adopción y acogimiento.
7. ¿En qué casos se puede iniciar el periodo de suspensión de hasta 4 semanas?
8. Explique brevemente el periodo de descanso por nacimiento y cuidado de menor.

6. Incapacidad permanente

Se trata de una prestación económica que tiene como finalidad cubrir la pérdida de rentas del trabajo que sufre una persona cuando, estando afectada por un proceso patológico o traumático derivado de una enfermedad o accidente, este reduce su capacidad laboral de forma definitiva presumiblemente.

 **Importante**

No se otorgará la incapacidad permanente si hay alguna posibilidad de recuperación de la capacidad laboral del trabajador, bajo estimación médica.

Se establecen cuatro grados de incapacidad permanente:

- **Incapacidad permanente parcial para la profesión habitual:** el trabajador sufre una disminución igual o superior al 33 % de su rendimiento normal para su profesión, sin impedirle la realización de las tareas fundamentales de esta.
- **Incapacidad permanente total para la profesión habitual:** el trabajador queda inhabilitado para la realización de todas o de las principales áreas de su profesión, siempre que pueda dedicarse a otra profesión diferente.
- **Incapacidad permanente absoluta para todo trabajo:** el trabajador queda inhabilitado para cualquier tipo de trabajo.
- **Gran invalidez:** a causa de pérdidas anatómicas o funcionales el trabajador necesita la asistencia de otra persona para los actos más básicos y esenciales de su vida (comer, desplazarse, etc.).

Las mujeres que hayan tenido uno o más hijos y se encuentren en situación de incapacidad permanente, pueden recibir el complemento para la reducción de la brecha de género. Este consiste en una cuantía fijada en los presupuestos generales del estado de cada año. En el caso de los hombres, deben cumplir una serie de requisitos para percibir dicho importe.

6.1. Incapacidad permanente parcial

Serán beneficiarios de la prestación por incapacidad permanente parcial las personas incluidas en el Régimen General que cumplan los siguientes requisitos:

- No hayan cumplido la edad ordinaria de jubilación. O que habiéndola cumplido no cuentan con 15 años cotizados, dos de ellos en los últimos 15 (aunque solamente si la contingencia de la incapacidad parcial es común).
- Estén en situación de jubilación anticipada y aún no hayan alcanzado la edad que les correspondería para la jubilación ordinaria.
- Estén en situación de alta o asimilada al alta.
- En el caso de incapacidad que deriva de enfermedad común, tener cubierto un periodo previo de cotización de 1.800 días comprendidos en los 10 años inmediatamente anteriores a la fecha en la que se haya extinguido la incapacidad temporal de la que derive la incapacidad permanente.
- En el caso de accidente (laboral o no laboral) o de enfermedad profesional, no hay periodo de cotización previo mínimo.

La gestión se llevará a cabo, con carácter general, por el Instituto Nacional de la Seguridad Social.

Este tipo de prestación es compatible con el desempeño de cualquier actividad laboral (por cuenta propia o ajena) y con el mantenimiento del trabajo que el empleado viniese desempeñando.

Cuantía de la prestación

La prestación por incapacidad permanente parcial consistirá en una indemnización a tanto alzado. Esta indemnización será igual a 24 mensualidades de la base reguladora utilizada para el cálculo del subsidio de incapacidad temporal del que se deriva la incapacidad permanente.

Si no hubiese incapacidad temporal previa, por carecer el beneficiario de dicha protección, la base reguladora será la que le hubiese correspondido por incapacidad temporal, de haber tenido derecho a dicha prestación.

 **Nota**

La prestación por incapacidad permanente parcial se abona en un pago único y está sujeta a tributación y retención en el Impuesto sobre la Renta de las Personas Físicas (IRPF).

Por ejemplo, si un trabajador tiene derecho a la prestación por incapacidad permanente parcial y tiene una base reguladora de 950 € mensuales, la indemnización que percibirá será de: 950 x 24 = 22.800 €.

6.2. Incapacidad permanente total

Serán beneficiarios de la prestación por incapacidad permanente total las personas incluidas en el Régimen General que cumplan los siguientes requisitos:

- No tener la edad prevista para la jubilación ordinaria o no reunir los requisitos exigidos para acceder a la pensión de jubilación contributiva del sistema de la Seguridad Social (si la incapacidad procede por contingencias comunes).
- Estar afiliado y en situación de alta o asimilada al alta.
- En el caso de incapacidad que deriva de enfermedad común, tener cubierto un periodo previo que varía según la edad del trabajador:

Edad	Periodo previo de cotización	
Menos de 31 años	Periodo genérico	La tercera parte del tiempo transcurrido entre la fecha en que se cumplieron los 16 años y la del hecho causante.
	Periodo específico	No se exige.

Continúa en página siguiente >>

<< Viene de página anterior

Edad	Periodo previo de cotización	
31 años o más	Periodo genérico	Un cuarto del tiempo transcurrido entre la fecha en la que se cumplieron 20 años y la del hecho causante, con un mínimo de 5 años.
	Periodo específico	Un quinto del periodo de cotización exigible que debe estar en los 10 años inmediatamente anteriores al hecho causante o en los 10 años inmediatamente anteriores a la fecha en la que cesó la obligación de cotizar (si se accede a la prestación desde una situación de alta o asimilada sin obligación de cotizar).

Cuantía de la prestación

La cuantía de la prestación por incapacidad permanente total se obtendrá aplicando un porcentaje a la base reguladora, que variará según la causa que origine la incapacidad.

Si esta incapacidad deriva de una enfermedad común, con carácter general la cuantía de la prestación no podrá ser inferior al 55 % de la base reguladora. En el supuesto de personas mayores de 55 años que presumiblemente no puedan acceder a un empleo diferente al habitual, pueden aumentar este porcentaje en un 20 %.

La prestación económica correspondiente a la incapacidad permanente total consistirá en una pensión vitalicia, que podrá excepcionalmente ser sustituida por una indemnización a tanto alzado cuando el beneficiario fuese menor de 60 años.

Atendiendo a los datos facilitados por la Seguridad Social, el cálculo de la base reguladora (BR) será diferente según la causa que origine la incapacidad permanente, tal y como se explica a continuación.

Si la incapacidad deriva de enfermedad común

Si la incapacidad deriva de enfermedad común, se calculará la base reguladora del siguiente modo:

■ Trabajador con edad superior a 52 años e inferior a 65 en la fecha del hecho causante:

  ■ Se dividen las bases de cotización del interesado durante los 96 meses inmediatamente anteriores al mes previo al del hecho causante entre 112. Los importes de las bases se tomarán del siguiente modo:

    ı Se computarán en su valor nominal las bases de los 24 meses anteriores al mes previo al que se produce el hecho causante.
    ı Las demás bases se deberán actualizar atendiendo a la evolución del IPC.

  ■ Al resultado que se haya obtenido con el cálculo anterior, se aplicará el porcentaje correspondiente según los años de cotización, atendiendo a la escala prevista para las pensiones de jubilación. Se considerarán como cotizados aquellos años que le falten al trabajador para cumplir la edad ordinaria de jubilación vigente en cada momento, en la fecha del hecho causante. Si no se alcanzasen los quince años de cotización, se aplicará el 50 %.
  ■ El importe obtenido con la aplicación de las reglas anteriores será la base reguladora, a la que habrá que aplicar el porcentaje previsto para el grado de incapacidad reconocido para obtener la cuantía de la pensión.
  ■ Al resultado (la base reguladora que hemos hallado) debe aplicarse el porcentaje del 55 %, o 75 % si es incapacidad total cualificada.

■ Si el trabajador tiene menos de 52 años en la fecha del hecho causante, con un periodo de cotización inferior a 8 años: se obtiene la base reguladora del mismo modo que en el caso anterior. Eso sí, el cociente es el resultado de la división de la suma de las bases mensuales de cotización en el mismo número al de meses de que conste el periodo mínimo de cotización exigible entre el número de meses a que dichas bases se refieran (multiplicando dicho divisor por 1,1666 y, excluyendo siempre, la actualización de las bases de los 24 meses anteriores al mes previo de la sucesión del hecho causante).

▪ Si el trabajador tiene una edad igual o superior a 65 años en la fecha del hecho causante y no cumple con los requisitos necesarios para la jubilación: se calcula la base reguladora dividiendo las bases de cotización del interesado durante los 96 meses inmediatamente anteriores al mes previo al del hecho causante entre 112.

▪ Si se trata de un trabajador a tiempo parcial: cuando la incapacidad permanente provenga de una enfermedad común, se calcula la base reguladora tomando las mismas reglas que en la pensión de jubilación.

Por ejemplo, si un trabajador de 60 años tiene derecho a una prestación por incapacidad permanente total desde enero de 2022, sus bases de cotización durante los 96 meses anteriores han sido de 96.000 € y tiene cotizados 40 años, tendrá una base reguladora de:

▪ 96.000 / 112 = 857,14 €.
▪ Al trabajador le quedan 5 años para alcanzar la edad legal de jubilación, por lo que se debe aplicar un porcentaje del 50 % para obtener la base reguladora: 50 % × 857,14 = 428,57 €.

Si la incapacidad deriva de accidente no laboral

En el caso de incapacidad derivada de accidente no laboral se obtendrá la base reguladora dividiendo las bases de cotización del interesado durante un periodo ininterrumpido de 24 meses entre 28.

Dicho periodo lo elegirá siempre el beneficiario y deberá estar comprendido dentro de los 7 años inmediatamente anteriores a la fecha del hecho causante de la pensión.

Si en el momento del hecho causante no hubiera un período de 24 mensualidades ininterrumpidas de cotización, para determinar la base reguladora se puede usar la fórmula anterior o, si es más beneficiosa, esta otra: dividir entre 28 la suma de las bases mínimas de cotización vigentes en los 24 meses inmediatamente anteriores al hecho causante, pero con la cuantía correspondiente a la jornada laboral.

Si la incapacidad deriva de accidente de trabajo o enfermedad profesional

En este caso, se calcula la base reguladora sobre salarios reales, no pudiendo exceder en ningún caso del tope máximo de cotización ni ser inferior al límite mínimo vigente en el momento del hecho causante.

Se calculará dividiendo por 12 los siguientes sumandos:

- Sueldo y antigüedad diarios del trabajador (en la fecha del hecho causante) por 365 días.
- Importe total de las pagas extraordinarias, beneficios o participaciones, en el año anterior al accidente.
- El resultado de dividir los pluses, retribuciones complementarias y horas extraordinarias percibidas en el año anterior al accidente, por el número de días efectivamente trabajados en dicho periodo. El importe resultante se multiplicará por 273, excepto en aquellos casos en los que el periodo de días efectivos de la actividad sea inferior, en cuyo caso se aplicará el multiplicador correspondiente.
- Si la persona está pluriempleada y ha cotizado en varios regímenes sin causar derecho a pensión en uno de ellos, las bases de cotización acreditadas en dicho trabajo podrán ser acumuladas a las del régimen en que se cause la pensión. Pero exclusivamente para determinar la base reguladora.

El importe computable, en concepto de horas extraordinarias, no podrá ser superior al que resulte de multiplicar el promedio por el que se haya remunerado cada hora extraordinaria por el límite máximo laboral anual de horas extraordinarias estipulado en el Estatuto de los Trabajadores (artículo 35.2).

Una vez hallada la base reguladora, y si se demuestra que ha habido un incumplimiento de las medidas de prevención, seguridad o salud en el trabajo, se podrá aplicar un aumento en la prestación de entre el 30 % y el 50 %. Un complemento a la pensión de incapacidad total que deberá pagar la empresa, algo similar a una indemnización por incapacidad permanente total en accidente laboral.

6.3. Incapacidad permanente absoluta

Serán beneficiarios de la prestación por incapacidad permanente absoluta las personas incluidas en el Régimen General que cumplan los siguientes requisitos:

- No tener la edad prevista para la jubilación ordinaria o no reunir los requisitos exigidos para acceder a la pensión de jubilación contributiva del sistema de la Seguridad Social (si la incapacidad procede por contingencias comunes).
- Estar afiliado y en situación de alta o asimilada al alta.
- En el caso de incapacidad que deriva de enfermedad común, tener cubierto un periodo previo que varía según la edad del trabajador:

Edad	Periodo previo de cotización	
Menos de 31 años	Periodo genérico	La tercera parte del tiempo transcurrido entre la fecha en que se cumplieron los 16 años y la del hecho causante
	Periodo específico	No se exige
31 años o más	Periodo genérico	Un cuarto del tiempo transcurrido entre la fecha en la que se cumplieron 20 años y la del hecho causante, con un mínimo de 5 años
	Periodo específico	Un quinto del periodo de cotización exigible que debe estar en los 10 años inmediatamente anteriores al hecho causante o en los 10 años inmediatamente anteriores a la fecha en la que cesó la obligación de cotizar (si se accede a la prestación desde una situación de alta o asimilada sin obligación de cotizar)

- En el caso de enfermedad común o accidente no laboral, en situación de "no alta", se exige un periodo genérico de cotización de 15 años y un periodo específico de cotización de 3 años en los últimos 10 años.

Cuantía de la prestación

El importe de las mensualidades será del 100 % de la base reguladora. Pero esta depende de las bases de cotización que haya pagado el empresario por el trabajador, o de las cuotas de autónomos en caso de trabajadores por cuenta propia. El cálculo de la base reguladora, en la incapacidad permanente absoluta, se realiza de la siguiente manera:

a. Si es por enfermedad común, para trabajadores entre 52 y 64 años:

- Total de las bases de cotización de los últimos 96 meses dividido entre 112.
- En las 24 primeras se usará el valor nominal (no es necesario actualizarlas).
- Las bases correspondientes a los 72 meses siguientes se actualizarán según el IPC.
- Al resultado obtenido, se le aplica un porcentaje, siendo el mínimo un 50 %. Los porcentajes son los fijados en la normativa de jubilación.

b. Si es por accidente no laboral y situación de alta (o asimilada):

- Dividir entre 28 la suma de las bases de cotizaciones detalladas a continuación:

  - En la franja de los 7 años inmediatamente anteriores a la petición de la incapacidad, se deben escoger 24 meses ininterrumpidamente.
  - Si por alguna razón no se han cotizado 24 meses seguidos, se hará lo siguiente (optando por lo más beneficioso):

    - Realizar el cálculo dentro de esos 24 meses, aunque no se haya cotizado durante dicho periodo.

ꟼ Dividir entre 28 la suma de las bases de cotizaciones mínimas vigentes en el periodo de 24 meses seleccionado.

c. Si es por accidente no laboral en situación de "no alta":

■ Sumar las bases de cotización de los últimos 96 meses y dividir el resultado entre 112.
■ Las 24 primeras, con su valor nominal (no es necesario actualizarlas).
■ Las bases correspondientes a los 72 meses siguientes se actualizarán.

d. Si es por accidente de trabajo o enfermedad profesional:

■ Multiplicar por 365 el sueldo real y la antigüedad (diarios). Si el contrato es parcial o de relevo, el salario diario se obtiene dividiendo entre 7 -o 30- el sueldo semanal o mensual pactado.
■ Sumar el importe total de las pagas extra, beneficios, etc., del año anterior a la enfermedad o accidente.
■ Dividir la suma global de pluses, horas extras y retribuciones complementarias (del año anterior al hecho causante) entre el número de días trabajados en dicho año. Y multiplicar por 273. Si el número de días laborales efectivos en la actividad es inferior, se multiplicará por dicho número.
■ Sumar estas cantidades y dividir el resultado entre 12.

Tras el cálculo correspondiente (a, b, c, d) llega la hora de aplicar el 100 %, que es lo que se cobra por incapacidad absoluta. En este paso del cálculo puede haber tres situaciones:

a. Si se cumplen los requisitos de cotización, la cuantía de la pensión será el 100 % de la base reguladora.
b. En los casos de accidente de trabajo o enfermedad profesional con responsabilidad de la empresa, además del 100 % de la base, se puede tener derecho a un complemento de entre el 30 y el 50 % si se impone el llamado "recargo de prestaciones". En ese caso, dicho aumento correrá a cargo del empresario.

c. Si se tienen 65 años o más y no se tiene derecho a la pensión por jubilación ordinaria, el porcentaje a aplicar irá en función del período mínimo de cotización para acceder a la pensión de jubilación. Actualmente dicho porcentaje es del 50 %.

 Nota

Al resultado final hay que sumar, cuando corresponda, el complemento para la reducción de brecha de género. Asimismo, también se puede aplicar en este cálculo la llamada "integración de lagunas": si hay meses donde no ha habido obligación de cotizar, dichas lagunas, las 48 primeras, se integrarán con la base mínima de entre todas las existentes en cada momento para los trabajadores mayores de 18 años, mientras que a partir de la n.º 49 se computarán al 50 % de la base mínima correspondiente.

6.4. Gran invalidez

Serán beneficiarios de la prestación por gran invalidez las personas incluidas en el Régimen General que cumplan los siguientes requisitos:

- No tener la edad prevista para la jubilación ordinaria o no reunir los requisitos exigidos para acceder a la pensión de jubilación contributiva del sistema de la Seguridad Social (si la incapacidad procede por contingencias comunes).
- Estar afiliado y en situación de alta o asimilada al alta.
- En el caso de incapacidad que deriva de enfermedad común, tener cubierto un periodo previo que varía según la edad del trabajador:

Edad	Periodo previo de cotización	
Menos de 31 años	Periodo genérico	La tercera parte del tiempo transcurrido entre la fecha en que se cumplieron los 16 años y la del hecho causante
	Periodo específico	No se exige
31 años o más	Periodo genérico	Un cuarto del tiempo transcurrido entre la fecha en la que se cumplieron 20 años y la del hecho causante, con un mínimo de 5 años
	Periodo específico	Un quinto del periodo de cotización exigible que debe estar en los 10 años inmediatamente anteriores al hecho causante o en los 10 años inmediatamente anteriores a la fecha en la que cesó la obligación de cotizar (si se accede a la prestación desde una situación de alta o asimilada sin obligación de cotizar)

- En el caso de enfermedad común o accidente no laboral, en situación de "no alta", se exige un periodo genérico de cotización de 15 años y un periodo específico de cotización de 3 años en los últimos 10 años.

Cuantía de la prestación

La cuantía de la prestación por gran invalidez estará formada por el importe de la pensión que le hubiere correspondido por incapacidad permanente total o absoluta, incrementada con un complemento. Dicho complemento se destina a remunerar a la persona que se dedique a atender al beneficiario.

El importe del complemento se calcula sumando el 45 % de la base mínima de cotización vigente en el Régimen General en el momento del hecho causante y el 30 % de la última base de cotización del trabajador correspondiente a la contingencia de la que derive la situación de incapacidad permanente.

Este complemento, en ningún caso, podrá ser inferior al 45 % de la prestación percibida por el trabajador.

Si dicha gran invalidez se deriva de un accidente de trabajo o de una enfermedad profesional, la cuantía se incrementará de un 30 % a un 50 % según la gravedad de la falta.

Cuando el trabajador tiene 65 años o más y accede a la pensión de Gran Invalidez por contingencias comunes, debido a que no reúne los requisitos para acceder a la pensión de jubilación, el porcentaje será el que corresponda al período mínimo de cotización establecido en cada momento para la jubilación. Actualmente, dicho porcentaje es del 50 %, que se aplicará a la base reguladora correspondiente de la pensión, no al complemento.

Por ejemplo, si a un trabajador le hubiese correspondido una pensión mensual de 1.200 € por incapacidad permanente total o absoluta, la base mínima de cotización vigente en el Régimen General en el momento es de 700 €/mes y la última base de cotización del trabajador es de 1.000 € al mes, le corresponderá lo siguiente:

1.200 € + (45 % × 700) + (30 % × 1.000) = 1.200 € + 615 € (complemento)

 Actividades

9. Realice un esquema con los distintos tipos de incapacidad permanente y sus características fundamentales.
10. Ponga ejemplos de situaciones en los que un trabajador puede percibir una prestación por incapacidad permanente parcial.

7. Lesiones permanentes no invalidantes (incapacitantes)

Las prestaciones por lesiones permanentes no incapacitantes son indemnizaciones a tanto alzado que la Seguridad Social reconoce a aquellos trabajadores que hayan sufrido alguna lesión, mutilación y deformidad a causa de un accidente de trabajo o de una enfermedad profesional que, sin llegar a los requisitos solicitados para la incapacidad permanente, hayan visto disminuida su integridad física.

 Importante

Las lesiones, mutilaciones y deformidades que dan derecho a la percepción de esta prestación deben estar recogidas en el baremo legal establecido al efecto.

Serán beneficiarios de este tipo de prestación aquellos trabajadores del Régimen General en alta o en situación asimilada a la de alta, que hayan sufrido la correspondiente lesión, mutilación o deformidad por accidente de trabajo o enfermedad profesional y que hayan sido dados de alta por curación.

Cuantía de la prestación

Esta prestación consistirá en una indemnización a tanto alzado y solo se concede una vez al trabajador por el mismo hecho causante. La cuantía de esta indemnización está fijada por un baremo establecido, que otorga distintos importes atendiendo a las lesiones, mutilaciones y deformidades que haya sufrido el trabajador.

La cuantía de la indemnización puede incrementarse de un 30 % a un 50 % cuando la lesión, mutilación o deformidad se origine por unas medidas de seguridad deficientes, obsoletas o en malas condiciones. Será el empresario infractor el que deberá hacerse cargo directamente de ese recargo.

Por ejemplo, a la disminución de la agudeza visual de un ojo en menos del 50 %, siempre que con corrección no alcance las siete décimas, le corresponde una indemnización de 1.140 €. Esto será lo que perciba el trabajador que ha sufrido el hecho causante.

Aplicación práctica

Identifique en qué situación están los siguientes trabajadores, qué tipo de prestación les correspondería y la cuantía de esta:

I Juan, debido a una enfermedad, ha sufrido una disminución del 40 % de su rendimiento normal para su profesión. No obstante, este hecho no le impide realizar las tareas fundamentales de esta.
I Manuel ha sufrido un accidente y ha quedado inhabilitado para realizar las tareas de su profesión. Eso sí, puede dedicarse a otra profesión distinta.
I Marta, debido a una enfermedad no laboral, ha quedado inhabilitada para cualquier tipo de trabajo.
I Rafael ha sufrido un accidente y ya no puede valerse por sí mismo; necesita la asistencia de otra persona para poder llevar a cabo cualquier acción básica de su vida.
I Sandra ha sufrido un accidente laboral y ha perdido la vista de un ojo. No obstante, aunque se ha disminuido su integridad física, puede seguir desempeñando su trabajo.

SOLUCIÓN

Juan tiene derecho a percibir una prestación por incapacidad permanente parcial, consistente en una indemnización a tanto alzado correspondiente a 24 mensualidades de la base reguladora utilizada para el cálculo del subsidio de incapacidad temporal del que se deriva la incapacidad permanente.

Manuel tiene derecho a percibir una prestación por incapacidad permanente total que se calculará aplicando un porcentaje a la base reguladora, atendiendo a las lesiones y las causas que originaron dicha incapacidad.

Marta tiene derecho a percibir una prestación por incapacidad permanente absoluta que se corresponderá con el 100 % de la base reguladora.

Rafael tendrá derecho a percibir una prestación por gran invalidez que consistirá en el importe de la pensión que le hubiese correspondido por incapacidad permanente total o absoluta, incrementada con un complemento destinado a la remuneración de su cuidador.

Por último, Sandra tiene derecho a una prestación por lesiones permanentes no invalidantes, consistente en una indemnización a tanto alzado fijada por un baremo establecido atendiendo a las lesiones del beneficiario.

8. Jubilación

La prestación por jubilación es una pensión económica de carácter vitalicio, único e imprescriptible, que se concede al trabajador cuando cesa su trabajo por motivos de edad.

Se distinguen varios tipos de jubilación:

- **Jubilación ordinaria:** serán beneficiarios de esta prestación aquellas personas incluidas en el Régimen General, afiliadas y en alta o en situación asimilada a la de alta, que reúnan las condiciones de periodo mínimo de cotización, edad y hecho causante establecidos.
- **Jubilación anticipada por razón del grupo o actividad profesional:** para aquellos casos en los que la edad de jubilación se rebaja o anticipa en trabajadores de grupos o actividades profesionales de naturaleza excepcionalmente penosa, peligrosa, tóxica o insalubre como, por ejemplo, trabajadores incluidos en el estatuto minero, personal de vuelo de trabajos aéreos o profesionales taurinos, entre otros.
- **Jubilación anticipada de trabajadores con discapacidad:** para aquellos casos en los que la edad ordinaria de jubilación se reduce, mediante la aplicación de coeficientes reductores, en trabajadores con una discapacidad igual o superior al 65 %. También puede reducirse en trabajadores con una discapacidad superior al 45 % en determinados casos.
- **Jubilación anticipada por tener la condición de mutualista:** puede percibirse a partir de 60 años reales, estar en alta o en situación asimilada a la de alta y debe acreditarse la condición de mutualista del trabajador.
- **Jubilación anticipada derivada del cese no voluntario en el trabajo:** para aquellos trabajadores en alta o en situación asimilada a la de alta cuya jubilación se haya producido como consecuencia de una situación de reestructuración empresarial que ha impedido la continuidad de la relación laboral, entre otras causas.
- **Jubilación anticipada por voluntad del trabajador:** puede solicitarse con una edad real de dos años (como máximo) inferior a la edad ordinaria de jubilación. Para el cálculo de la pensión se utilizan coeficientes reductores de la pensión por cada trimestre o fracción de anticipación a la edad ordinaria de jubilación.

- **Jubilación flexible:** se trata de un tipo de jubilación que es compatible con un contrato a tiempo parcial. La prestación se minora en proporción inversa a la reducción aplicable a la jornada de trabajo del pensionista en relación a la de un trabajador a tiempo completo comparable.
- **Jubilación parcial:** se inicia después del cumplimiento de los 60 años y se percibe de forma simultánea con un contrato de trabajo a tiempo parcial y vinculado o no con un contrato de relevo.

En la siguiente tabla se pueden observar los distintos tipos de jubilación, junto con los requisitos y características básicos de cada uno de ellos:

Tipo	Edad	Carencia genérica	Situación laboral	Otros requisitos	Observaciones
ORDINARIA	De 65 a 67 Según tiempo cotizado	15 años	Alta o asimilada No alta	- - -	- - -
ANTICIPADA — MUTUALISTA	A partir de 60 años reales	Mínimo 15 años / Con 30 años y cese involuntario: coeficiente reduc. más favorable.	Alta o asimilada	Acreditar condición mutualista	Se aplican coeficientes reductores a la pensión por cada año que falte para los 65. El porcentaje de reducción depende de si el cese es voluntario o involuntario y, en este último caso, varía según años cotizados.
ANTICIPADA — VOLUNTARIA	Edad real 2 años como máximo inferior a la ordinaria	35 años	Alta o asimilada	Pensión superior a la pensión mínima por situación familiar a los 65 años	- Coeficientes reductores de la pensión por cada trimestre o fracción de anticipación a la edad ordinaria de jubilación. El porcentaje de reducción depende de los años cotizados. - El importe pensión resultante no puede superar el tope máximo de pensión reducido en un 0,50 % por trimestre o fracción de anticipación.
ANTICIPADA — INVOLUNTARIA	Edad real 4 años como máximo inferior a la ordinaria	33 años	Alta o asimilada	- Cese por despido colectivo u objetivo; extinción del contrato por resolución judicial, fuerza mayor según la autoridad laboral, voluntad del trabajador por las causas de los artículos 40.1, 41.3 y 50 del Estatuto de los Trabajadores o por ser la trabajadora víctima de violencia de género; muerte, jubilación o incapacidad del empresario. - 6 meses anteriores inscrito como demandante empleo.	
ANTICIPADA — POR DISCAPACIDAD IGUAL O SUPERIOR AL 45 %	A partir de 56 años reales	15 años trabajados con la discapacidad	Alta o asimilada	Grado discapacidad ≥ al 45 % debido a alguna de las enfermedades reglamentariamente determinadas	No se aplican coeficientes reductores por jubilación anticipada
ANTICIPADA — POR APLICACIÓN COEFICIENTES REDUCTORES DE LA EDAD — Minería del carbón — Estatuto minero — Ferroviarios — Trabajos aéreos — Trabajadores del mar — Bomberos — Policías Locales — Cuerpo de la Ertzaintza — Discapacidad ≥ al 65 %	A partir de 52 años reales Bomberos, Policías locales y Ertzaintza, no puede ser inferior a 60 o 59 años, con 35 o 37 años cotizados	15 años Policías locales: 15 años como policía local	Alta o asimilada	Acreditar trabajos en alguna de las actividades que tienen asignados coeficientes reductores de la edad de jubilación	Se aplican o no coeficientes reductores a la pensión dependiendo del tipo de jubilación a la que finalmente acceda (según edad real y ficticia)

Continúa en página siguiente >>

<< Viene de página anterior

Tipo		Edad	Carencia genérica	Situación laboral	Otros requisitos	Observaciones
ANTICIPADA · EN RAZÓN DE LA ACTIVIDAD DESEMPEÑADA	Artistas	A partir de 60 años reales	15 años	Alta o asimilada en razón de una actividad artística	- - -	Se aplican o no coeficientes reductores a la pensión dependiendo de los años ejerciendo determinadas actividades.
	Profesionales taurinos	A partir de 60 o 55 años reales	15 años	Alta o asimilada en razón de una actividad taurina	Haber actuado en un nº de festejos en determinadas categorías taurinas	Se aplican o no coeficientes reductores a la pensión dependiendo de la actividad
PARCIAL		- Con condición mutualista: 60 años reales. - Sin condición mutualista: Periodo transitorio aplicación paulatina hasta 2027.	- 33 años. - 25 años (discapacidad $\geq$ al 33 %)	Alta	- Jornada completa y reducida 25-50 %. Posibilidad de reducción hasta 75 % si el contrato del relevista es indefinido y a jornada completa. - 6 años antigüedad en la empresa. - Contratación trabajador relevista.	No se aplican coeficientes reductores por jubilación anticipada
		A partir edad ordinaria de jubilación	15 años	Alta	- Jornada completa o a tiempo parcial y reducción 25-50 % de la jornada completa.	
VEJEZ SOVI		65 años 60 años (vejez por incapacidad)	1.800 días SOVI o estar afiliado al Régimen del Retiro Obrero	Indiferente	No tener derecho a otra pensión	Es de cuantía fija

 **Nota**

Las pensiones del Seguro Obligatorio de Vejez e Invalidez o SOVI son una serie de pensiones englobadas en un régimen residual aplicable a trabajadores y derechohabientes que no tienen derecho a pensión del actual sistema de la Seguridad Social, a excepción de las pensiones de viudedad de las que puedan ser beneficiarios.

En relación a la jubilación ordinaria, serán beneficiarios de esta prestación toda persona que esté incluida en cualquier régimen de la Seguridad Social, afiliada y reúna los requisitos establecidos de edad, periodo mínimo de cotización y hecho causante. La determinación de este último viene regulado por el Real Decreto 453/2022, de 14 de junio.

Los principales requisitos para obtener la prestación por jubilación son los siguientes:

- Haber cotizado un periodo mínimo de 15 años, de los cuales, al menos, dos deben estar comprendidos dentro de los quince años inmediatamente anteriores al momento de causar el derecho.
- Tener cumplida la edad ordinaria de jubilación. Desde el 1 de enero de 2013 la edad ordinaria de jubilación depende de la edad del interesado y de las cotizaciones que este ha acumulado durante su vida laboral. Sea como fuere, a partir de 2027 debe haber cumplido 67 años o 65 años, cuando se acrediten 38 años y 6 meses de cotización.

Las edades de jubilación y el periodo de cotización mencionados en los requisitos, se irán aplicando de forma gradual, atendiendo a lo dispuesto en la siguiente tabla facilitada por la Seguridad Social:

Año	Periodos cotizados	Edad exigida
2024	38 o más años	65 años
	Menos de 38 años	66 años y 6 meses

Continúa en página siguiente >>

<< Viene de página anterior

Año	Periodos cotizados	Edad exigida
2025	38 años y 3 meses o más	65 años
	Menos de 38 años y 3 meses	66 años y 8 meses
2026	38 años y 3 meses o más	65 años
	Menos de 38 años y 3 meses	66 años y 10 meses
A partir de 2027	38 años y 6 meses o más	65 años
	Menos de 38 años y 6 meses	67 años

El hecho causante para trabajadores en alta se produce el día en el que el trabajador cesa su actividad. En el caso de trabajadores en no alta, el hecho causante se producirá el día que presenten la solicitud.

La solicitud se presentará en los centros de atención e información de la Seguridad Social del INSS o en las direcciones provinciales del ISM y, una vez presentada, la entidad gestora respectiva deberá resolver su tramitación y notificarla al interesado en un plazo máximo de 90 días.

 Importante

La pensión por jubilación tiene carácter vitalicio y, por tanto, solo se extingue con el fallecimiento del beneficiario.

La cuantía de este tipo de pensión se determina aplicando a la base reguladora el porcentaje general correspondiente en función de los años cotizados del trabajador y, cuando corresponda, el porcentaje adicional por prolongación de la vida laboral, si se accede a la jubilación con una edad superior a la ordinaria vigente en cada momento y el coeficiente reductor correspondiente.

El porcentaje general es variable en función de los años de cotización a la Seguridad Social, aplicándose una escala que comienza con el 50 % a los 15 años, aumentando a partir del decimosexto año un 0,19 % por cada mes adicional de cotización, entre los meses 1 y 248, y un 0,18 % los que rebasen el mes 248, sin que el porcentaje aplicable a la base reguladora supere el 100 %, salvo en los casos en que se acceda a la pensión con una edad superior a la que resulte de aplicación.

No obstante, hasta 2027 se establece un periodo transitorio en el que estos porcentajes se sustituyen por los siguientes:

Porcentaje - jubilación - años cotizados								
Periodo de aplicación	Primeros 15 años		Años adicionales				Total	
	Años	%	Meses adicionales	Coeficiente	%	Años	Años	%
2023 a 2026	15	50	1 al 49	0,21	10,29			
			209 restantes	0,19	39,71			
	15	50	Total 258 meses		50,00	21,5	36,5	100
A partir de 2027	15	50	1 al 248	0,19	47,12			
			16 restantes	0,18	2,88			
	15	50	Total 264 meses		50,00	22	37	100

La base reguladora se calcula dividiendo por 350 las bases de cotización del interesado durante los 300 meses inmediatamente anteriores al mes previo al del hecho causante.

La pensión se abona con carácter mensual con dos pagas extraordinarias que se devengan en las mensualidades de junio y noviembre y se revalorizará al inicio de cada año, atendiendo al índice de revalorización de las pensiones.

El trabajador que acceda a la jubilación a una edad posterior a la que le correspondería según las normas laborales, tiene derecho a recibir un **comple-**

mento económico (Real Decreto 371/2023, de 16 de mayo). Este puede elegir entre recibir un 4 % adicional, una cantidad a tanto alzado o una combinación de ambas modalidades. El complemento es por cada año completo cotizado a contar desde la fecha en la que cumplió la edad ordinaria de jubilación que le correspondía y la del hecho causante.

Las mujeres que han tenido uno o más hijos y que han accedido a la jubilación en su modalidad contributiva (excepto la jubilación parcial) tienen derecho a recibir un **complemento para la reducción de la brecha de género** (art. 60 Ley General de la Seguridad Social) En el caso de los hombres, deben cumplir una serie de requisitos. El complemento se corresponde con una cuantía que es fijada de forma anual en los presupuestos generales del estado.

Actividades

11. Elabore un breve resumen de los distintos tipos de jubilación y sus características principales.

Aplicación práctica

Manuel trabaja en la empresa Industria Metales, S. A., cumple el 25 de septiembre de 2024 66 años y ha decidido jubilarse. Lleva más de 40 años cotizados y su base de cotización respecto a sus últimos 24 años cotizados es de 15.000 € anuales. La suma de las bases de cotización computables para el cálculo de la pensión asciende a 360.000 (24 × 15.000) €.

Calcule la prestación que percibirá Manuel.

SOLUCIÓN

Manuel tiene derecho a percibir una pensión por jubilación ordinaria, ya que ha alcanzado la edad mínima establecida y tiene más de 15 años cotizados.

Continúa en página siguiente >>

<< Viene de página anterior

La base reguladora de Manuel se obtiene dividiendo las bases de cotización de los últimos 300 meses (24 años x 15.000 € anuales) entre 350: 360.000 / 350 = 1.028,57 €.

A la base reguladora se debe aplicar un porcentaje que estará en función de los años cotizados. En este caso Manuel tiene 480 meses cotizados (40 años), alcanzando el máximo y, por tanto, tiene derecho a percibir el 100 % de la base reguladora, los 1.028,57 €.

Aunque ya haya alcanzado el máximo, se puede calcular el porcentaje que le pertenecería a Manuel. Ha cotizado 40 años, es decir, 480 meses.

Para determinar el porcentaje, los primeros 15 años cuentan un 50 %. Se tomarán ahora los meses restantes: 15 x 12= 180 meses; 480 - 180 = 300 meses. Con estos se calculará lo siguiente:

▎ Del mes 1 al 49, por cada mes se incrementa un 0,21 %: 49 x 0,21 = 10,29 %.
▎ Restan 251 meses (300 − 49) y solo se puede aplicar el cálculo hasta los 209 meses por haber trabajado durante 40 años: 209 x 0,19 = 39,71 %.

Así, si se suman al 50 % inicial los porcentajes obtenidos se tendrá que a la base reguladora se le debería aplicar un porcentaje de 50 + 10,29 + 39,71 = 100 %.

---

9. Pensiones del Seguro Obligatorio de Vejez e Invalidez (SOVI)

El Seguro Obligatorio de Vejez e Invalidez o SOVI es un régimen con carácter residual que solo se aplica a aquellos trabajadores que no tienen derecho a pensión del actual sistema de la Seguridad Social, siempre que reúnan los requisitos exigidos por la legislación de dicho régimen, actualmente extinguido.

El SOVI era el régimen de protección existente antes del actual sistema de la Seguridad Social y sus beneficiarios son aquellas personas que cotizaron entre 1939 y 1967, año en el que se establece el sistema actual de la Seguridad Social.

Se incluyen las siguientes pensiones:

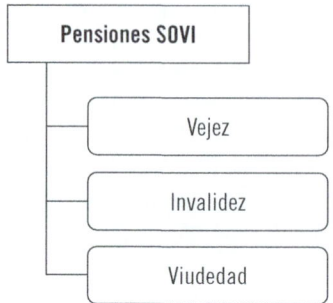

9.1. Vejez

Para percibir una pensión SOVI por vejez, se deben haber cumplido los 65 años de edad o 60 en casos de vejez por causa de incapacidad (incapacidad que debe ser permanente y total para la profesión habitual y no derivada de accidente de trabajo o de enfermedad profesional).

Además de la edad, los beneficiarios de esta pensión deben cumplir los siguientes requisitos:

- No tener derecho a ninguna otra pensión a cargo de los regímenes del sistema de la Seguridad Social, con excepción de las pensiones de viudedad.
- Haber estado afiliado al Régimen del Retiro Obrero o tener cubiertos 1.800 días de cotización al Régimen del Seguro Obligatorio de Vejez e Invalidez (SOVI) antes del 1 de enero de 1967.

La pensión consistirá en una pensión imprescriptible, vitalicia y de cuantía fija que será de 14 pagas, determinadas anualmente en la correspondiente Ley de Presupuestos Generales del Estado.

9.2. Invalidez

Para poder percibir la pensión por invalidez, deben cumplirse los siguientes requisitos:

- Que se trate de una invalidez absoluta y permanente para la profesión habitual que sea la causa determinante del cese en el trabajo.
- Que dicha invalidez no sea por causa imputable al trabajador o derivada de un accidente de trabajo o de una enfermedad profesional indemnizables.
- Tener 1.800 días cotizados al SOVI antes del 1 de enero de 1967.
- No tener derecho a ninguna otra pensión a cargo de los regímenes del sistema de la Seguridad Social, con excepción de las pensiones de viudedad.
- Tener 50 años cumplidos (o 30 años cumplidos, en el caso de una invalidez ocasionada por la pérdida total de movimientos en las extremidades superiores o inferiores), o pérdida total de visión, o enajenación mental incurable.

La pensión consistirá en una pensión imprescriptible, vitalicia y de cuantía fija que, en el caso de no existir concurrencia con otras pensiones, será de 14 pagas, determinadas anualmente en la correspondiente Ley de Presupuestos Generales del Estado.

9.3. Viudedad

Para poder acceder a la pensión de viudedad, con carácter general, se exige no tener derecho a ninguna otra pensión a cargo de los regímenes del sistema de la Seguridad Social. Se trata de una pensión mensual única, vitalicia y de cuantía fija que será de 14 pagas, determinadas anualmente en la correspondiente Ley de Presupuestos Generales del Estado.

10. Muerte y supervivencia

Las prestaciones por muerte o supervivencia tienen como finalidad compensar la situación de necesidad económica que produce, para ciertas personas, el fallecimiento de otras.

Las prestaciones que se pueden otorgar en alguno de los supuestos de muerte y supervivencia son las siguientes:

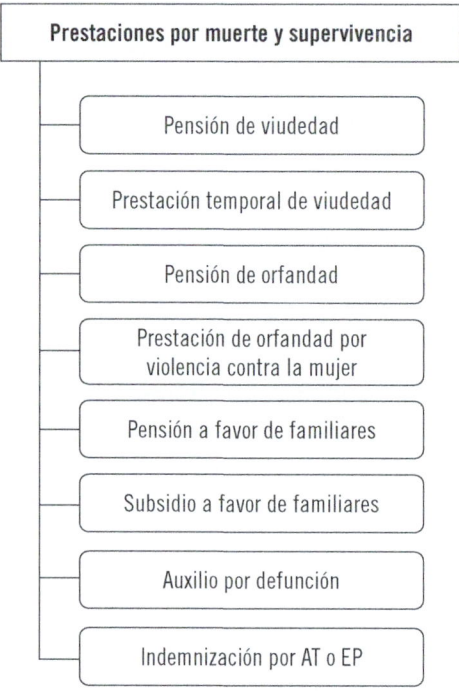

10.1. Pensión de viudedad

Se trata de una pensión de carácter vitalicio que se concede a aquellos que hayan tenido vínculo matrimonial o fuesen pareja de hecho con el fallecido y reúnan los requisitos exigidos.

Concretamente, los beneficiarios de la pensión de viudedad son los siguientes:

- En caso de matrimonio o pareja de hecho, el cónyuge superviviente.
- En caso de separación judicial o divorcio, también podrán percibir la prestación al que sea o haya sido cónyuge legítimo siempre que este no haya contraído nuevo matrimonio o formalizado una pareja de hecho.
- En caso de nulidad matrimonial, podrá percibir la prestación el que hubiese sido cónyuge siempre que no haya contraído nuevo matrimonio o formalizado una pareja de hecho.

Cuantía de la prestación

El porcentaje aplicable a la base reguladora de la **pensión de viudedad es del 52 %,** con carácter general. Este porcentaje es del **60 %** cuando en la persona beneficiaria concurran los siguientes requisitos:

- Tener una edad igual o superior a 65 años.
- No tener derecho a otra pensión pública española o extranjera.
- No percibir ingresos por la realización de trabajos por cuenta ajena o por cuenta propia.
- No disponer de rentas de capital mobiliario o inmobiliario, ganancias patrimoniales o rentas de actividades económicas, superiores a 7.707 €/año.

El **70 % de la base reguladora** correspondiente se efectuará siempre que, durante todo el período de percepción de la pensión, se cumplan los siguientes requisitos:

1. Que el pensionista tenga cargas familiares. Se entiende que existen cargas familiares cuando:

   - Conviva con hijos menores de 26 años o mayores incapacitados, o menores acogidos. A estos efectos, se considera que existe incapacidad cuando acredite una discapacidad igual o superior al 33 %.
   - Los rendimientos de la unidad familiar, incluido el propio pensionista, divididos entre el número de miembros que la componen, no superen, en cómputo anual, el 75 % del salario mínimo interprofesional vigente en cada momento, excluida la parte proporcional de las dos pagas extraordinarias.

2. Que la pensión de viudedad constituya la principal o única fuente de ingresos, entendiendo que se cumple este requisito cuando el importe anual de la pensión sea superior al 50 % del total de los ingresos del pensionista.

3. Que los rendimientos anuales del pensionista por todos los conceptos no superen la cuantía resultante de sumar al límite que, en cada ejercicio económico, esté previsto para el reconocimiento de los complementos por mínimos de las pensiones contributivas, el importe anual que, en cada ejercicio económico, corresponda a la pensión mínima de viudedad con cargas familiares.

La pensión de viudedad, en cómputo anual, más los rendimientos anuales del pensionista, no pueden exceder el límite de ingresos establecido para cada ejercicio económico. En caso contrario, se reducirá la cuantía de la pensión de viudedad a fin de no superar dicho límite.

Los tres requisitos exigidos deben concurrir simultáneamente. La pérdida de uno de ellos motivará la aplicación del porcentaje del 52 % con efectos desde el día 1 del mes siguiente a aquél en que deje de concurrir dicho requisito.

 Importante

El complemento de pensiones contributivas para la reducción de la brecha de género sustituye el complemento por maternidad por aportación demográfica por un complemento dirigido a la reducción de la brecha de género, con el que se persigue reparar el perjuicio que han sufrido a lo largo de su carrera profesional las mujeres por asumir un papel principal en la tarea de los cuidados de los hijos que se proyecta en el ámbito de las pensiones.

En los casos de **separación judicial** o **divorcio:**

- Cuando exista un único beneficiario con derecho a pensión, el importe de la cuantía será íntegro.
- Si mediando divorcio existe concurrencia de beneficiarios con derecho a pensión, esta será reconocida en cuantía proporcional al tiempo vivi-

do cada uno de ellos con el causante, garantizándose, en todo caso, el 40 % a favor del cónyuge o superviviente de una pareja de hecho con derecho a pensión de viudedad.

■ Límite máximo: la cuantía de la pensión de viudedad no puede ser superior a la pensión compensatoria. Si fuera superior, aquella se disminuirá hasta alcanzar la cuantía de esta última.

■ Cuando se trate de separados o divorciados no acreedores de pensión compensatoria, la pensión será reconocida en cuantía proporcional al tiempo vivido con el causante fallecido, sin perjuicio de los límites (40 %) que puedan resultar en favor del cónyuge o superviviente de la pareja de hecho en el supuesto de concurrencia de beneficiarios.

En los casos de **nulidad matrimonial,** la pensión será reconocida en cuantía proporcional al tiempo vivido con el fallecido, sin perjuicio de los límites (40 %) que puedan resultar en favor del cónyuge o superviviente de la pareja de hecho en el supuesto de concurrencia de beneficiarios.

La base reguladora se calcula de forma diferente, dependiendo de la situación en que se encuentre el causante (trabajador en activo o pensionista) y de la causa del fallecimiento (contingencia común o contingencia profesional).

En el caso de fallecimiento de pensionistas de jubilación o incapacidad permanente

La base reguladora coincide con la calculada para la pensión de jubilación o incapacidad permanente del fallecido. A esta base, se le debe aplicar el porcentaje que corresponda según el caso, y el resultado se incrementará con el importe de las revaloraciones que se hayan dado desde la fecha en la que se causó la pensión originaria.

En el caso que el fallecido estuviese en jubilación parcial, se tendrán en consideración las bases de cotización del periodo trabajado a tiempo parcial, incrementadas hasta el 100 % del importe que le hubiese pertenecido si hubiese estado trabajando a tiempo completo durante dicho periodo.

En el caso de fallecimiento de trabajadores en activo

En este caso se podrían dar diferentes situaciones que se explican a continuación.

Si el fallecimiento se produce por contingencias comunes

Se calcula la base reguladora dividiendo la suma de las bases de cotización del interesado durante un periodo ininterrumpido de 24 meses por 28. Este periodo lo eligen los beneficiarios, siempre dentro de los 15 años inmediatamente anteriores al mes previo en el que acontece el fallecimiento.

En caso de fallecimiento del trabajador, en situación de alta o asimilada, debido a accidente no laboral

En el caso en el que el trabajador no haya completado el periodo ininterrumpido de 24 meses de cotización en los 15 años anteriores al mes previo al del hecho causante, la base reguladora será la que más beneficio aporte de las siguientes:

- I La prevista en el apartado anterior.
- I La que se obtenga dividiendo las bases mínimas de cotización vigentes en los 24 meses inmediatamente anteriores al del fallecimiento entre 28.

En casos de pluriactividad

Si se han acreditado cotizaciones a distintos regímenes y, a pesar de ello, no se origine derecho a pensión en uno de ellos, las bases de cotización acreditadas en este último se podrán acumular a las del régimen que origine la pensión. Eso sí, solo a efectos de determinar la base reguladora y nunca pudiendo sobrepasar la suma de las bases el límite máximo de cotización vigente.

En los supuestos de exoneración de cuotas de Seguridad Social

En aquellos periodos de actividad en los que no se hubiese cotizado por contingencias comunes, se considerarán las siguientes reglas:

1. Se tendrán en cuenta las bases por las que hubiese venido cotizando el interesado, aplicando el porcentaje de variación media conocida del IPC (índice de precios al consumo) en el último año indicado, incrementándose en dos puntos porcentuales.
2. Si las bases de cotización declaradas superasen el promedio de las del año anterior, incrementadas en dos puntos porcentuales, se tomará dicha cuantía como base.
3. A efectos del cálculo del promedio mencionado en la regla 1, se cogerán las bases de cotización correspondientes a la actividad y empresa por la que esté el sujeto exonerado de cotización y por jornada equiparable a la que se esté realizando.
4. Si no se hubiese cotizado en ninguna mensualidad del año natural anterior, se considerará el promedio de las bases de cotización que existan, dividido por el número de meses al que las mismas correspondan.
5. Si no se hubiese cotizado por la actividad que se encuentra sujeta a la exoneración de cuotas, se considerarán las bases de cotización que tenga el interesado por trabajos por cuenta ajena realizados durante el año anterior al comienzo de la exoneración, en jornada equiparable a la que se encuentre exenta de cotización.
6. Si no se hubiese cotizado en el año anterior, se tomarán las bases de cotización del primer año en que existan, calculando el promedio comentado en la regla número 1 y aplicando también las reglas anteriores. Este promedio se incrementará en el porcentaje de variación media del año o años naturales anteriores hasta llegar al año en el que se produjo la exoneración de cuotas.

En el supuesto de fallecimiento por accidente de trabajo o enfermedad profesional

Para determinar la base reguladora, se dividirán por 12 los siguientes sumandos:

▪ Sueldo y antigüedad diarios del trabajador en la fecha del accidente o de la baja por enfermedad multiplicado por 365 días. En los contratos a tiempo parcial y de relevo (si la jornada de trabajo es irregular o variable o el trabajador no presta servicio todos los días), se calculará el salario diario dividiendo entre 7 o 30 el semanal o mensual pactado según la distribución de las horas de trabajo concretadas en el contrato para cada periodo.

▪ En los contratos fijos-discontinuos, se calculará el salario diario dividiendo los salarios percibidos por el trabajador durante la campaña entre el número de días naturales de campaña transcurridos hasta la fecha de inicio del hecho causante.

▪ Las pagas extraordinarias, los beneficios o la participación, tomando para el cálculo su importe total en el año anterior al accidente o a la baja por enfermedad.

▪ El resultado de dividir los pluses, retribuciones complementarias y horas extraordinarias percibidas en el año anterior al accidente, por el número de días efectivamente trabajados en dicho periodo. Dicho cociente se multiplicará por 273, salvo que los días laborales efectivos de la actividad sean menos que 273, en cuyo caso se aplicará el multiplicador correspondiente.

▪ En el caso de contratos a tiempo parcial, de relevo y fijos-discontinuos, se dividirá la suma de los complementos salariales percibidos por el interesado en el año anterior al del hecho causante entre el número de horas efectivamente trabajadas en ese periodo. El resultado de aplicar dicho cociente se multiplicará por la cifra que resulte de aplicar a 1.826 el coeficiente de proporcionalidad existente entre la jornada habitual de la actividad de que se trate y la que se recoja en el contrato.

En aquellos trabajadores que estén incluidos en el Sistema Especial para Empleados del Hogar, su base reguladora equivaldrá a la base de cotización del empleado del hogar en la fecha en la que se produzca el hecho causante.

Si, por ejemplo, hay un trabajador en activo que fallece por contingencias comunes, los beneficiarios podrán elegir el periodo ininterrumpido de 24 meses (dentro de los 15 años inmediatamente anteriores al mes previo del fallecimiento). Suponiendo la suma de las bases de cotización de los 24 meses ininterrumpidos por los beneficiarios es de 25.000 €, la base reguladora será de: 25.000 / 28 = 892,86 €.

Si la situación del beneficiario supone la aplicación del 60 % sobre la base reguladora para calcular la pensión, el importe de esta será de 892,86 € × 60 % = 535,72 € mensuales, con 14 pagas al año.

Esta pensión se solicita en cualquier momento posterior al fallecimiento. Eso sí, si se presenta pasados tres meses al fallecimiento, la pensión se abonará con una retroactividad máxima de tres meses a la fecha de la solicitud.

Esta pensión se extingue por los siguientes motivos:

- Contracción de nuevo matrimonio o constitución de una nueva pareja de hecho por parte del beneficiario.
- Declaración en sentencia firme de culpabilidad en la muerte del causante.
- Fallecimiento del pensionista.
- Comprobación del no fallecimiento de la persona desaparecida.
- Por condena firme de un delito de homicidio, relacionado con el causante de la pensión.

10.2. Prestación temporal de viudedad

Se trata de una pensión vitalicia que pretende proteger la situación de necesidad económica ocasionada por el fallecimiento de la persona que origina la prestación.

Será el beneficiario de esta pensión el cónyuge o pareja de hecho superviviente, cuando este no pueda acceder a la pensión de viudedad por no poder acreditar que su matrimonio con el causante haya tenido una duración de un año o, por la inexistencia de hijos comunes, o que su inscripción como pareja de hecho o constitución en documento público se ha producido dos años antes de la fecha del fallecimiento (siempre que cumpla con los demás requisitos generales exigidos de alta y cotización).

La cuantía de esta pensión será la misma que le hubiese correspondido si hubiese tenido derecho a la pensión de viudedad, con una duración máxima de 2 años.

10.3. Pensión de orfandad

Se trata de una prestación económica que se concede a los hijos de la persona fallecida y a los aportados por su cónyuge siempre que cumplan con los siguientes requisitos exigidos.

Atendiendo al artículo 224 de la Ley General de la Seguridad Social, serán beneficiarios de esta pensión:

Tendrán derecho a la pensión de orfandad, en régimen de igualdad, cada uno de los hijos e hijas del causante o de la causante fallecida, cualquiera que sea la naturaleza de su filiación, siempre que, en el momento de la muerte, sean menores de veintiún años o estén incapacitados para el trabajo y que el causante se encontrase en alta o situación asimilada a la de alta, o fuera pensionista en los términos del artículo 217.1.c).

[...]

Tendrán derecho a la prestación de orfandad, en régimen de igualdad, cada uno de los hijos e hijas de la causante fallecida, cualquiera que sea la naturaleza de su filiación, cuando el fallecimiento se hubiera producido por violencia contra la mujer, en los términos en que se defina por la ley o por los instrumentos internacionales ratificados por España, y en todo caso cuando se deba a la comisión contra la mujer de alguno de los supuestos de violencias sexuales determinados por la Ley Orgánica de garantía integral de la libertad sexual, siempre que se hallen en circunstancias equiparables a una orfandad absoluta y no reúnan los requisitos necesarios para causar una pensión de orfandad. La cuantía de esta prestación será el 70 por ciento de su base reguladora, siempre que los rendimientos de la unidad familiar de convivencia, incluidas las personas huérfanas, dividido por el número de miembros que la componen, no superen en cómputo anual el 75 por ciento del Salario Mínimo Interprofesional vigente en cada momento, excluida la parte proporcional de las pagas extraordinarias.

En el supuesto de que hubiera más de una persona beneficiaria de esta prestación, el importe conjunto de las mismas podrá situarse en el 118 por ciento de la base reguladora, y nunca será inferior al mínimo equivalente a la pensión de viudedad con cargas familiares.

Cuando los hijos de la fallecida por violencia sobre la mujer sean adoptados, se suspende el derecho a la pensión y a la prestación de orfandad (incluido el aumento para la orfandad absoluta) si los ingresos de la familia de acogida divididos entre el total de miembros (incluidos los huérfanos adoptados) son superiores al 75 % del SMI (sin incluir las pagas extraordinarias). La suspensión tendrá efectos desde el día siguiente al que se cumplan los requisitos para ello. Este derecho se recuperará cuando los ingresos sean inferiores al límite establecido.

El importe de la prestación se calculará aplicando el 20 % a la base reguladora determinada de igual forma que en el caso de la prestación por viudedad.

Eso sí, según lo establecido en el artículo 224.3 de la misma ley, en la fecha del fallecimiento del causante, los hijos podrán ser beneficiarios de esta pensión, en términos generales, siempre que en la fecha del fallecimiento del causante fuesen menores de 25 años, no desarrollen un trabajo lucrativo por cuenta ajena o propia y, aun desarrollándolo, los ingresos obtenidos por dicho trabajo sean inferiores al salario mínimo interprofesional.

En el caso de que el huérfano estuviese cursando estudios y cumpliese los 25 años durante el curso escolar, tendrá derecho a percibir la pensión de orfandad hasta el primer día del mes inmediatamente posterior al del inicio del siguiente curso académico.

En este caso, la base reguladora se calcula de la misma forma que la pensión de viudedad.

Entonces, siguiendo el ejemplo comentado en la pensión de viudedad, si hay un trabajador en activo que fallece por contingencias comunes, los beneficiarios podrán elegir el periodo ininterrumpido de 24 meses (dentro de los 15 años inmediatamente anteriores al mes previo del fallecimiento). Suponiendo que la suma de las bases de cotización de los 24 meses ininterrumpidos por los beneficiarios es de 25.000 €, la base reguladora será de: 25.000 / 28 = 892,86 €.

El importe de la prestación, en este caso, será de 892,86 € × 20 % = 178,57 €.

10.4. Pensión a favor de familiares

La pensión a favor de familiares se concede a aquellos familiares que hayan convivido y dependido económicamente de la persona fallecida y reúnan los requisitos exigidos.

Serán beneficiarios los siguientes familiares que, habiendo convivido y dependido económicamente del causante con una antelación mínima de 2 años a la fecha del fallecimiento, no tengan derecho a obtener otra pensión pública, carezcan de medios de subsistencia y acrediten debidamente el cumplimiento de los requisitos establecidos:

- Nietos y hermanos, huérfanos de padre y madre, siempre que en el momento del fallecimiento del causante sean:

    - Menores de 18 años o mayores en situación de incapacidad permanente absoluta o gran invalidez.
    - Menores de 22 años, cuando no estén realizando un trabajo lucrativo o cuando, efectuándolo, los ingresos anuales obtenidos no sean superiores al 75 % del salario mínimo interprofesional anual fijado.

- Madre y abuelas viudas, solteras, casadas (si sus maridos están incapacitados para trabajar o tienen más de 60 años), separadas judicialmente o divorciadas.
- Padre y abuelos con una edad igual o superior a 60 años cumplidos o incapacitados para desempeñar cualquier trabajo.
- Hijos y hermanos de beneficiarios de pensiones de jubilación o incapacidad permanente, en su modalidad contributiva. También se incluyen hombres o mujeres solteros, divorciados, viudos o separados judicial-

mente con una edad superior a los 45 años que acrediten una dedicación prolongada al servicio del causante.

El importe de la prestación se calculará aplicando el 20 % a la base reguladora correspondiente, variando esta según la situación laboral del fallecido en la fecha del fallecimiento y de la causa que determinase la muerte.

En este caso, la base reguladora se calcula de la misma forma que la pensión de viudedad.

Entonces, siguiendo el ejemplo comentado en la pensión de orfandad, el importe de la pensión a favor de familiares se calcula de igual forma: (25.000 / 28) x 20 % = 892,86 x 20 % = 178,57 €.

10.5. Subsidio a favor de familiares

Se trata de un subsidio temporal que se concede a aquellos familiares que hayan convivido y dependido económicamente de la persona fallecida y reúnan los requisitos exigidos.

Los familiares que podrán ser beneficiarios de este subsidio son los siguientes, cuando sean solteros, viudos, separados judicialmente o divorciados:

- Hijos/hijas mayores de 25 años.
- Hermanos/hermanas mayores de 22 años.

Eso sí, para poder ser pensionistas deberán acreditar el cumplimiento de los siguientes requisitos:

- Haber estado conviviendo con el causante y bajo sus gastos con una antelación mínima de 2 años al fallecimiento de este o desde el fallecimiento del familiar con el que conviviesen, si este hubiese acontecido dentro de dicho periodo.
- No disponer de derecho a percibir una pensión pública.

■ No disponer de medios de subsistencia por estar percibiendo unos ingresos inferiores o iguales al salario mínimo interprofesional, y no disponer, a su vez, de familiares que puedan prestarles alimentos.

El importe de la prestación se calculará aplicando el 20 % a la base reguladora correspondiente, variando esta según la situación laboral del fallecido en la fecha del fallecimiento y de la causa que determinase la muerte y calculándose de la misma forma que en la pensión de viudedad.

Se establece una cuantía máxima de la prestación de 12 mensualidades y dos pagas extras.

Entonces, si hay un trabajador en activo que fallece por contingencias comunes, los beneficiarios podrán elegir el periodo ininterrumpido de 24 meses (dentro de los 15 años inmediatamente anteriores al mes previo del fallecimiento). Suponiendo que la suma de las bases de cotización de los 24 meses ininterrumpidos por los beneficiarios es de 30.000 €, la base reguladora será de: 30.000 / 28 = 1.071,43 €.

El importe de la prestación, en este caso, será de 1.071,43 € × 20 % = 214,29 € mensuales, con 14 pagas al año.

 Actividades

12. Comente las diferencias principales entre el subsidio a favor de familiares y la pensión a favor de familiares.

10.6. Auxilio por defunción

La prestación de auxilio por defunción es una ayuda económica reconocida a aquellos que hayan soportado los gastos del sepelio del causante fallecido.

Podrán solicitar la ayuda aquellos que hayan pagado los gastos del sepelio que, salvo prueba que acredite lo contrario, serán los siguientes:

- Cónyuge
- Sobreviviente de una pareja de hecho.
- Hijos del fallecido que hayan convivido con este de forma habitual.
- Familiares que hayan convivido con el fallecido de forma habitual.

Eso sí, la persona fallecida, en la fecha del fallecimiento, debe estar en situación de alta o en situación asimilada al alta en la Seguridad Social, o ser pensionista de incapacidad permanente o jubilación de nivel contributivo.

Se establece una cuantía fija de 46,50 € y se puede solicitar la ayuda en un plazo de 5 años desde la fecha del fallecimiento.

De este modo, si Antonio es pensionista de jubilación en el momento de su fallecimiento y su cónyuge paga los gastos de su sepelio, este tendrá derecho a percibir un subsidio de 46,50 €. El cónyuge dispone de 5 años desde la fecha del fallecimiento para solicitar dicho subsidio.

10.7. Indemnizaciones por AT o TP (accidente de trabajo o enfermedad profesional)

Se trata de una indemnización que se otorga en caso de fallecimiento causado por accidente de trabajo o enfermedad profesional. Todo esto se comentará con más detalle en el siguiente apartado.

11. Indemnización especial a tanto alzado, en los supuestos de accidente de trabajo y enfermedad profesional

Se trata de una indemnización que se otorga a determinados beneficiarios en caso de muerte causada por accidente de trabajo o enfermedad profesional.

Esta indemnización es a tanto alzado y se otorga como complemento a la correspondiente pensión.

Serán beneficiarios de esta indemnización los siguientes:

- Cónyuge, sobreviviente de la pareja de hecho, excónyuge divorciado, separado o con matrimonio declarado nulo, beneficiarios de la pensión de viudedad.
- Huérfanos, beneficiarios de la pensión de orfandad.
- Padre y/o madre, que estén a cargo del fallecido, cuando no existan otros familiares con derecho a pensión por muerte y supervivencia, ni ellos tuviesen derecho a esta con ocasión del fallecimiento del causante.

La cuantía de la indemnización varía según el beneficiario:

- **Cónyuge, pareja de hecho o excónyuge divorciado, separado o con nulidad matrimonial:** seis mensualidades de la base reguladora de la pensión de viudedad. En el supuesto de concurrir más de un beneficiario, la distribución de la indemnización se realizará de la misma manera que la pensión de viudedad, incluida la garantía del 40 % de la indemnización a favor del cónyuge sobreviviente o del que, sin serlo, conviviera con el causante y fuera beneficiario de pensión de viudedad. Si se trata de un solo beneficiario con matrimonio declarado nulo, la cuantía de la indemnización será proporcional al tiempo convivido en matrimonio con el fallecido. Por ejemplo, si hay una base reguladora de 700 € mensuales, la indemnización será de 6 × 700 € = 4.200 €.
- **Huérfanos:** una mensualidad de la base reguladora de la pensión de orfandad, además de la cantidad que resulte de distribuir entre los huérfanos las seis mensualidades de la base reguladora de la pensión, si no existe cónyuge, pareja de hecho o excónyuge con derecho a indemnización. Por ejemplo, con una base reguladora de 500 € mensuales y solo un huérfano, la indemnización será de 1 × 500 € = 500 €. Si no hubiese cónyuge del fallecido, el huérfano percibiría además 6 × 500 € = 3.000 €.
- **Padre y/o madre:** nueve mensualidades de la base reguladora de la pensión de viudedad si se trata de un ascendiente o doce mensualidades de la base reguladora si se trata de ambos ascendientes. Por ejemplo, si hay una base reguladora de 600 € mensuales, el beneficiario percibirá una indemnización de 9 × 600 € = 5.400 € (si solo ha fallecido un ascendiente) y de 12 × 600 = 7.200 € (en el caso de fallecimiento de ambos ascendientes).

Beneficiario	Cuantía
Cónyuge, pareja de hecho o excónyuge divorciado, separado o con nulidad matrimonial	6 mensualidades de la base reguladora de la pensión de viudedad, incluida la garantía del 40 % de la indemnización.
Huérfanos	Una mensualidad de la base reguladora de la pensión de orfandad.
Padre y/o madre	9 mensualidades de la base reguladora de la pensión de viudedad si se trata de un ascendiente o 12 mensualidades de la base reguladora si se trata de ambos ascendientes.

12. Prestaciones familiares

Se trata de prestaciones que tienen como finalidad cubrir situaciones de necesidad económica o de incremento sustancial de gastos que puede producir, para ciertas personas, el hecho de tener determinadas responsabilidades, además del nacimiento o adopción de hijos en ciertos casos.

Se trata de prestaciones que tienen naturaleza no contributiva, a excepción de la prestación "no económica" que solo se protege en el nivel contributivo.

Existen los siguientes tipos de prestaciones familiares, que se muestran a continuación:

Prestaciones familiares

- Prestación económica por nacimiento o adopción de hijo, en supuestos de familias numerosas, monoparentales y en los casos madres/padres con discapacidad
- Prestación económica por parto o adopción múltiples
- Prestación no económica por cuidado de hijo, de menor acogido o de otros familiares

---

12.1. Prestación económica por nacimiento o adopción de hijo, en supuestos de familias numerosas, monoparentales y en los casos de madres/padres con discapacidad

Se trata de una prestación económica de pago único a tanto alzado reconocida por el nacimiento o adopción de un hijo en familias numerosas o que, por dicho motivo adquieran esta condición, en familias monoparentales y en aquellos casos de madres o padres que padezcan una discapacidad de grado igual o superior al 65 %, siempre que no se sobrepase un determinado nivel de ingresos.

Los beneficiarios de esta prestación deberán cumplir los siguientes requisitos:

- Residir legalmente en el territorio español.
- No pueden percibir ingresos anuales, de cualquier naturaleza, superiores a los límites establecidos. En los supuestos de convivencia, si la suma de los ingresos de los progenitores o adoptantes superase los límites establecidos, no se reconocerá la condición de beneficiario a ninguno de ellos.
- No pueden tener derecho a prestaciones de esta misma naturaleza en cualquier otro régimen público de protección social.

Este tipo de prestación no se reconoce en los casos de acogimiento familiar, solo nacimiento o adopción de un hijo.

Se puede solicitar a partir del día siguiente al nacimiento o a la adopción del hijo y prescribe a los 5 años a partir del día siguiente de dicha adopción o nacimiento. La cuantía será de un pago único de 1.000 € si no se superan los límites de ingresos establecidos.

Si los ingresos anuales percibidos, de cualquier naturaleza, superan el límite establecido, pero son inferiores al importe conjunto que resulte de sumar a dicho límite el importe de la prestación, la cuantía a abonar será igual a la diferencia entre los ingresos percibidos por el beneficiario y el indicado importe conjunto.

No se reconocerá la prestación en los supuestos en que la diferencia a que se refiere el párrafo anterior sea inferior a 10,00 €.

12.2. Prestación económica por parto o adopción múltiples

También se trata de una prestación de pago único y tiene como finalidad compensar, en parte, el incremento de gastos que ocasiona en una familia el nacimiento o la adopción de dos o más hijos, en caso de parto o adopción múltiples.

Se puede solicitar a partir del día siguiente al nacimiento o a la adopción del hijo y prescribe a los 5 años a partir del día siguiente de dicha adopción o nacimiento.

Para poder ser beneficiario de la prestación económica por parto o adopción múltiples, deben cumplirse los siguientes requisitos:

- Ser residente en territorio español. También se consideran residentes en territorio español aquellos trabajadores que hayan sido trasladados fuera de dicho territorio, pero que se encuentren en situación asimilada a la de alta y coticen por dicho régimen en la Seguridad Social española.
- No tener derecho a otra prestación de la misma naturaleza que esta.

La cuantía de la prestación se efectuará en un solo pago y dependerá de que el número de hijos nacidos o adoptados sea de dos, tres, cuatro o más y del salario mínimo interprofesional. Por ejemplo, si se estima un SMI mensual de 1.080 €, la prestación atendiendo al número de hijos, será de las siguientes cuantías:

N.º de hijos nacidos	N.º de veces del importe mensual del SMI	Importe de la prestación
2	4	4.320 €
3	8	8.640 €
4 o más	12	12.960 €

12.3. Prestación no económica por cuidado de hijo, de menor acogido o de otros familiares

Se trata de una prestación familiar no económica, a través de la cual se dan una serie de beneficios enunciados en los artículos 37.6 y 46.3 del Estatuto de los Trabajadores:

- Los trabajadores tendrán derecho a un periodo de excedencia de duración no superior a tres años para atender al cuidado de cada hijo, tanto cuando lo sea por naturaleza, como por adopción, o en los supuestos de guarda con fines de adopción o acogimiento permanente, a contar desde la fecha de nacimiento o, en su caso, de la resolución judicial o administrativa. En este caso, este periodo de excedencia se considerará efectivamente cotizado a efectos de las prestaciones por jubilación, incapacidad permanente, muerte y supervivencia, nacimiento y cuidado de menor.

- Los trabajadores tendrán derecho a un periodo de excedencia, de duración no superior a dos años, salvo que se establezca una duración mayor por negociación colectiva, para atender al cuidado del cónyuge o pareja de hecho, o de un familiar hasta el segundo grado de consanguinidad y afinidad, incluido el familiar consanguíneo de la pareja de hecho, que, por razones de edad, accidente, enfermedad o discapacidad, no pueda valerse por sí mismo, y no desempeñe actividad retribuida. En este caso, este periodo de excedencia se considerará efectivamente cotizado a efectos de las prestaciones por jubilación, incapacidad permanente, muerte y supervivencia, nacimiento y cuidado de menor.

- Quien por razones de guarda legal tenga a su cuidado directo algún menor de doce años o una persona con discapacidad que no desempeñe una actividad retribuida tendrá derecho a una reducción de la jornada de trabajo diaria, con la disminución proporcional del salario entre, al menos, un octavo y un máximo de la mitad de la duración de aquella. Tendrá el mismo derecho quien precise encargarse del cuidado directo del cónyuge o pareja de hecho, o de un familiar, hasta el segundo grado de consanguinidad y afinidad, incluido el familiar consanguíneo de la pareja de hecho, que, por razones de edad, accidente o enfermedad, no pueda valerse por sí mismo, y que no desempeñe actividad retribuida. En este caso, las cotizaciones realizadas durante la reducción de jornada se computarán incrementadas hasta el 100 % de la cuantía que hubiera correspondido si se hubiera mantenido sin dicha reducción la jornada de trabajo.

Para poder disfrutar de esta prestación la empresa en la que esté trabajando el beneficiario deberá comunicar a la Tesorería General de la Seguridad Social la fecha de inicio y la fecha de finalización de la excedencia con reserva del puesto de trabajo.

 Importante

El derecho a reconocer esta prestación no prescribe, por lo que puede solicitarse en cualquier momento.

Eso sí, están excluidos de este derecho los trabajadores por cuenta propia de los regímenes especiales de Trabajadores del Mar y Autónomos.

13. Prestación Ingreso Mínimo Vital

El Ingreso Mínimo Vital es una prestación, regulada por la Ley 19/2021 de 20 de diciembre, dirigida a prevenir el riesgo de pobreza y exclusión social de las personas que viven solas o están integradas en una unidad de convivencia y carecen de recursos económicos básicos para cubrir sus necesidades básicas.

Los siguientes requisitos deben cumplirse tanto en el momento de la presentación de la solicitud como de sus revisiones, y mantenerse al dictar la resolución y durante el tiempo de la percepción de la prestación:

1. Tener residencia legal y efectiva en España de forma continuada e ininterrumpida durante al menos el año anterior a presentar la solicitud, con excepción de:

- Los menores incorporados a la unidad de convivencia por nacimiento, adopción, reagrupación familiar, guarda con fines de adopción o acogimiento familiar permanente.
- Las personas víctimas de trata de seres humanos y de explotación sexual.
- Las mujeres víctima de violencia de género.

2. Estar en situación de vulnerabilidad económica (art. 11).

Los beneficiarios de esta prestación son:

- Personas de 23 o más años de edad, que aún conviviendo con una unidad de convivencia no se integren en ella y no sean casadas, parejas de hecho ni formen parte de otra unidad.
- Mujeres mayores de edad que sean víctimas de violencia de género, de trata de seres humanos y explotación sexual.
- Personas con edades comprendidas entre los 18 y 22 años, que hayan estado en centros residenciales de protección de menores en los tres años anteriores a la mayoría de edad o sean huérfanos absolutos.
- Personas sin hogar.

La cuantía del ingreso mínimo vital para el beneficiario individual o la unidad de convivencia será la diferencia entre la renta garantizada y el conjunto de rentas e ingresos de tales personas, siempre que la cuantía resultante sea igual o superior a 10 € mensuales.

14. Prestaciones por actos terroristas

Aquellas personas que estén incluidas en algún régimen del sistema de la Seguridad Social que resulten incapacitadas y los familiares de pensionistas que, estando incluidos en alguno de estos regímenes, fallezcan a consecuencia de actividades delictivas cometidas por elementos terroristas o bandas armadas de las que no sean responsables, podrán percibir pensiones extraordinarias por actos de terrorismo, asistencia sanitaria y servicios sociales por parte de la Seguridad Social.

Más concretamente, tendrán derecho a percibir de la Seguridad Social las siguientes prestaciones:

- Pensión por incapacidad permanente: tendrán derecho a una prestación equivalente al 200 % de la cuantía resultante de aplicar el porcentaje que corresponda a la base reguladora (la base varía en función de la situación laboral del beneficiario en el momento del atentado). Dicha cuantía se determina de acuerdo con las normas que regulan el método de cálculo de las pensiones por incapacidad permanente derivadas de accidente de trabajo, con ciertas peculiaridades.
- Pensión de viudedad, orfandad y a favor de familiares: tendrán derecho a una prestación equivalente al 200 % de la cuantía resultante de aplicar el porcentaje que corresponda, según la pensión de que se trate, a la base reguladora (la base varía en función de la situación laboral del beneficiario en el momento del atentado). Dicha cuantía se determina de acuerdo con las normas que regulan el método de cálculo de las pensiones derivadas de accidente de trabajo, con ciertas peculiaridades.
- Asistencia sanitaria.
- Servicios sociales.

15. Seguro escolar

El seguro escolar tiene como finalidad proteger a los estudiantes con una edad inferior a los 28 años, desde 3.º de la ESO hasta el tercer ciclo universitario. Más concretamente, estarán incluidos en el ámbito de aplicación del seguro escolar los estudiantes españoles menores de 28 años que cursen en España los siguientes estudios:

- Bachillerato, 3.º y 4.º de ESO.
- Formación Profesional, de segundo grado, grado medio, superior y especial.
- Curso de Orientación Universitaria y Bachillerato Unificado Polivalente (estudiantes repetidores).
- Programas de cualificación profesional.
- De los centros integrados.
- Estudios universitarios de grado medio, grado superior y de doctorado.
- De grado superior en conservatorios de música.

- De grado superior en conservatorios de danza.
- Arte dramático.
- Teología en los centros superiores de la Iglesia católica.
- Segundo curso de educación secundaria de personas adultas.
- Estudiantes universitarios que realicen prácticas en empresas.
- Programas de formación para la transición a la edad adulta.

Además, también estarán protegidos los estudiantes nacionales de los Estados miembros de la Unión Europea y del Espacio Económico Europeo, y, en general, todos los estudiantes extranjeros residentes en las mismas condiciones que los españoles, siempre que cursen los citados estudios en España y hasta la edad de 28 años.

Este tipo de seguro protege al estudiante contra accidentes escolares, enfermedad o infortunio familiar y les otorga prestaciones médicas, farmacéuticas o económicas, según cada caso.

Concretamente, las prestaciones incluidas en el seguro escolar son las siguientes:

- **Accidente escolar:** asistencia médica y farmacéutica, indemnizaciones económicas por incapacidad y gastos de sepelio.
- **Enfermedad:** asistencia médica, asistencia farmacéutica y gastos de sepelio. Incluye la cirugía general, neuropsiquiatría, tocología, tuberculosis pulmonar y ósea. En determinados casos se pueden otorgar prestaciones de fisioterapia, quimioterapia, radioterapia, cobaltoterapia y cirugía maxilofacial.
- **Infortunio familiar:** prestación económica por fallecimiento del cabeza de familia o ruina familiar.

 **Nota**

El beneficiario de este tipo de prestaciones es el estudiante, salvo los casos de indemnizaciones por fallecimiento por accidente o enfermedad, en cuyo caso los beneficiarios serán los familiares.

La cuantía de la prestación dependerá del tipo de ayuda que sea, aunque suele ser de pago único.

16. Prestaciones por desempleo (SPEE)

La prestación por desempleo de nivel contributivo se gestiona y abona por parte del Servicio Público de Empleo Estatal (SEPE o SPEE) y se percibe por haber perdido un empleo de forma involuntaria.

La cuantía de este tipo de prestación varía en función de las cotizaciones realizadas por el empleado durante los periodos que este ha estado trabajando e incluye, además de la prestación económica, los siguientes aspectos:

- Cotización a la Seguridad Social por jubilación
- Incapacidad temporal
- Invalidez
- Muerte y supervivencia
- Protección a la familia
- Asistencia sanitaria

Para poder percibir esta prestación, deben cumplirse los siguientes requisitos:

- Estar afiliado y en situación de alta o asimilada al alta en la Seguridad Social en un régimen que contemple la contingencia por desempleo.
- Estar en situación legal de desempleo.

- Acreditar disponibilidad para buscar empleo de forma activa y para aceptar una colocación adecuada a través de la suscripción del compromiso de actividad.
- Estar inscrito y permanecer inscrito durante todo el periodo de la percepción como demandante de empleo.
- Haber trabajado y cotizado por desempleo como mínimo 360 días dentro de los seis años anteriores a la situación legal de desempleo.
- No haber cumplido la edad ordinaria para jubilarse.
- No llevar a cabo una actividad por cuenta propia o trabajo por cuenta ajena a tiempo completo, salvo casos de compatibilidad establecidos por un programa de fomento de empleo.
- No estar percibiendo una pensión de la Seguridad Social incompatible con el trabajo.

La duración de este tipo de prestación se calculará atendiendo a las cotizaciones realizadas en los 6 años anteriores, siempre que no se hayan tenido en cuenta para una prestación anterior.

 Nota

Si se ha trabajado a tiempo parcial, cada día trabajado se considera como un día cotizado, independientemente de la duración de la jornada laboral.

Para determinar la duración de la prestación contributiva por desempleo se aplicará la siguiente escala ofrecida por el SEPE:

Días de cotización	Días de prestación
de 360 a 539	120
de 540 a 719	180

Continúa en página siguiente >>

<< Viene de página anterior

Días de cotización	Días de prestación
de 720 a 899	240
de 900 a 1.079	300
de 1.080 a 1.259	360
de 1.260 a 1.439	420
de 1.440 a 1.619	480
de 1.620 a 1.799	540
de 1.800 a 1.979	600
de 1.980 a 2.159	660
desde 2.160	720

Cuantía de la prestación

La cuantía de la prestación contributiva por desempleo dependerá de las bases de cotización a la Seguridad Social por contingencias profesionales, durante los últimos 180 días cotizados, excluyendo de dicho cálculo las horas extraordinarias.

En este sentido, la base reguladora de la prestación se calculará obteniendo el promedio de la base de cotización de dicho periodo. Así, el importe diario de la prestación será el 70 % de la base reguladora durante los primeros 180 días de la prestación y el 60 % a partir del día 181, debiendo estar entre los mínimos y máximos establecidos por la legislación vigente atendiendo a la tenencia o no de hijos a cargo.

Además, al importe bruto de la prestación se le aplicarán dos tipos de deducciones:

- Cotización a la Seguridad Social: 4,8 % de la base reguladora.
- Retención a cuenta del IRPF en el caso que proceda.

Para percibir esta prestación deberá presentar la solicitud correspondiente en los quince días hábiles siguientes al último día trabajado, al retorno del extranjero o a la excarcelación a través de cualquiera de los siguientes medios:

- Sede electrónica del SEPE.
- Oficina de prestaciones (habiendo solicitado previamente cita en la sede electrónica del SEPE).
- Cualquier oficina de registro público.
- Oficinas de Correos.

Junto con la solicitud, deberá aportarse la siguiente documentación:

- Identificación del solicitante y de los hijos o hijas que conviven o están a su cargo y que figuren en la solicitud (bastará con la exhibición de los documentos):

  - Españoles: documento nacional de identidad (DNI).
  - Extranjeros residentes en España:

    - Comunitarios: documento identificativo en su país de origen o certificado de registro de ciudadano de la UE (donde conste el NIE) junto con el pasaporte.
    - No comunitarios: tarjeta de identidad de extranjeros (TIE) y el pasaporte.

- Cualquier documento bancario en el que figure el número de cuenta de la que se sea titular, y donde se desee percibir la prestación.
- Libro de familia o documento equivalente en el caso de extranjeros.
- Certificado o certificados de empresa en las que se hubiese trabajado en los últimos 6 meses (si no se han enviado por las empresas al SEPE). Solo en aquellas situaciones en las que el certificado de empresa no fuera suficiente para acreditar la situación legal de desempleo, es necesario aportar otro documento acreditativo.

Ejemplo

Juan ha cotizado 400 días en los últimos 6 años y se ha quedado en situación de desempleo. El promedio de la base de cotización de los últimos 180 días cotizados de Juan es de 50 € diarios y tiene una retención del 2 % en concepto de IRPF.

Juan tendrá derecho a 120 días de prestación (según la tabla adjuntada anteriormente) con la siguiente cuantía:

- Los 180 primeros días son al 70 %: 50 × 70 % = 35 € diarios.
- Total prestación: 35 × 120 = 4.200 €.
- Cotización a la Seguridad Social: 4.200 × 4,8 % = 201,60 €.
- Retención por IRPF: 4.200 × 2 % = 84 €.
- Líquido a percibir: 4.200 - 201,60 - 84 = 3.914,40 €.

Aplicación práctica

Marta ha cotizado 800 días en los últimos 3 años y se ha quedado en situación de desempleo. El promedio de la base de cotización de los últimos 180 días cotizados de Marta es de 40 € diarios y tiene una retención del 2 % en concepto de IRPF.

Calcule la cuantía y duración de la prestación por desempleo a la que tendrá derecho Marta.

SOLUCIÓN

Atendiendo a los días mostrados en la tabla del apartado, a Marta le corresponde una prestación por desempleo con una duración de 240 días (ocho meses).

La cuantía de la prestación será la siguiente:

- Los primeros 180 días (6 meses) son al 70 %; 40 × 70 % = 28 € diarios (840 €/mes = 28 × 30 días).
- Los 60 días (2 meses) restantes son al 60 %: 40 × 60 % = 24 € diarios (720 €/mes = 24 × 30 días).

Continúa en página siguiente >>

<< Viene de página anterior

Total prestación: $28 \times 180 + 24 \times 60 = 5.040 + 1.440 = 6.480$ €.

Cotización a la Seguridad Social: 6.480 x 4,8 % = 311,04 €.

Retención por IRPF: $6.480 \times 2 \% = 129,60$ €.

Líquido a percibir: 6.480 - 311,04 - 129,60 = 6.039,36 €.

Extinción de la prestación

El derecho a la percepción de la prestación por desempleo se extinguirá en los casos siguientes:

a. Agotamiento del plazo de duración de la prestación.
b. Imposición de sanción en los términos previstos en el texto refundido de la Ley sobre Infracciones y Sanciones en el Orden Social.
c. Realización de un trabajo por cuenta ajena de duración igual o superior a 12 meses o realización de un trabajo por cuenta propia, por tiempo igual o superior a 60 meses en el supuesto de trabajadores por cuenta propia que causen alta en el Régimen Especial de la Seguridad Social de los Trabajadores por Cuenta Propia o Autónomos o en el Régimen Especial de la Seguridad Social de los Trabajadores del Mar, o 24 meses cuando las actividades estén acogidas a alguna mutua alternativa al RETA.
d. Cumplimiento, por parte del titular del derecho, de la edad ordinaria necesaria para tener derecho a la pensión contributiva de jubilación.
e. Pasar a ser pensionista de jubilación, o de incapacidad permanente en los grados de incapacidad permanente total, incapacidad permanente absoluta o gran invalidez. No obstante, en estos casos, el beneficiario podrá optar por la prestación más favorable.
f. Traslado de residencia o estancia en el extranjero.
g. Renuncia voluntaria al derecho.
h. Haber pasado 6 años desde la fecha de baja de la prestación sin que se hubiera reactivado.

17. Otras prestaciones

Además de las prestaciones que se han ido comentando a lo largo del capítulo, el sistema de la Seguridad Social ofrece otras prestaciones a colectivos que pueden encontrarse en situación de necesidad y, como consecuencia, pueden haber sufrido un incremento sustancial de sus gastos o una reducción de sus ingresos.

Una de las prestaciones más relevante que queda por destacar es la que hace referencia al **cuidado de menores afectados por cáncer u otra enfermedad grave.**

Esta prestación se destina a los progenitores, adoptantes o acogedores que deben reducir su jornada laboral para cuidar a un menor que está a su cargo afectado por cáncer u otra enfermedad grave.

Así, se pretende compensar a los beneficiarios la pérdida de ingresos que estos sufren como consecuencia de la reducción de su jornada, debido a la necesidad de cuidar directa, continua y permanentemente a un hijo o menor a su cargo, en el periodo en el que el menor esté hospitalizado y esté recibiendo un tratamiento continuado de la enfermedad.

Se puede solicitar desde el día de inicio de la reducción de jornada hasta tres meses después e, inicialmente, tendrá un mes de duración, aunque podrá prorrogarse por periodos de dos meses cuando permanezca la necesidad de cuidado del menor, y como máximo hasta que el hijo cumpla los 23 años.

La cuantía de este subsidio equivaldrá al 100 % de la base reguladora establecida para la prestación de incapacidad temporal originada por contingencias profesionales, aunque, en determinadas ocasiones, también se puede tener en cuenta la base reguladora establecida para la prestación de la incapacidad temporal derivada de contingencias comunes.

También cabe destacar la prestación económica por el **ejercicio corresponsable del cuidado del lactante.** La reducción de la jornada laboral en una hora para el cuidado del lactante desde los nueve meses hasta los doce conlleva una prestación económica, equivalente al 100 % de la base reguladora para la incapacidad temporal derivada de contingencias comunes, proporcional a la reducción laboral practicada. Esta prestación económica se extingue cuando el menor cumpla doce meses. Son beneficiarios de esta prestación económica, los progenitores, adoptantes, guardadores con fines de adopción o acogedores de carácter permanente del menor. Esta prestación se rige por los requisitos y condiciones que la norma establece para la prestación por nacimiento y cuidado del menor.

18. Resumen

Las prestaciones son una serie de medidas ofrecidas por el sistema de la Seguridad Social que tienen como finalidad principal la prevención, reparación o subsanación de ciertas situaciones de necesidad determinadas que originan una reducción de los ingresos o un incremento excesivo de los gastos que sufren dichas situaciones.

Las prestaciones pueden ser de cuatro tipos distintos: pensiones, subsidios, indemnizaciones y otras prestaciones de carácter no económico o económico. Las pensiones son prestaciones económicas que se devengan de forma periódica y se perciben de forma vitalicia o hasta que el beneficiario alcance una edad determinada. Están, por una parte, las pensiones contributivas (su cuantía se determina en función de las aportaciones a la Seguridad Social efectuadas por el trabajador y el empresario) como la pensión por jubilación, por incapacidad permanente (total, absoluta y gran invalidez) y las pensiones generadas por muerte y supervivencia (viudedad, orfandad y a favor de familiares).

Por otra parte, están las pensiones no contributivas que se reconocen a ciudadanos que se encuentran en situación de necesidad y carecen de recursos suficientes para su subsistencia. En esta modalidad se encuentran las pensiones por invalidez y también por jubilación.

Los subsidios son prestaciones económicas que también se devengan periódicamente, pero tienen una duración temporal. Caben destacar los subsidios de las prestaciones económicas por incapacidad temporal, riesgo durante el embarazo, riesgo durante la lactancia natural, por cuidado de menores afectados por cáncer u otra enfermedad grave, el subsidio temporal a favor de familiares y el Ingreso Mínimo Vital.

Por último, las indemnizaciones son prestaciones económicas que solo se abonan una vez por una misma causa y persona, y en la categoría de otras prestaciones se encuentran aquellas de carácter no económico como, por ejemplo, la asistencia sanitaria o los servicios sociales y prestaciones de carácter económico como la prestación por desempleo, por protección familiar, la prestación de auxilio por defunción y la prestación temporal de viudedad.

Ejercicios de repaso y autoevaluación

1. **Complete el siguiente esquema indicando los distintos tipos de prestaciones:**

2. **Complete la siguiente oración:**

Las prestaciones por _____ temporal tienen como finalidad cubrir la falta de ingresos que se genera cuando el trabajador se encuentra _____ para trabajar y necesita asistencia sanitaria de la _____ .

3. **Indique cuáles de los siguientes preceptos son características comunes de las prestaciones:**

   a. Son privadas.
   b. Son transmisibles e irrenunciables.
   c. Tienen garantías frente a terceros ya que no pueden utilizarse como objeto de descuento o compensación.
   d. Son de cobro preferente.

4. ¿Cuáles son motivos por los que se extingue el derecho a percibir una prestación por incapacidad temporal?

    a. Haber transcurrido el plazo mínimo.
    b. Alta médica del trabajador.
    c. El trabajador ha pasado a ser pensionista.
    d. Baja médica del trabajador.

5. Complete la siguiente oración:

La prestación durante el _____ tiene como finalidad cubrir la pérdida de ingresos que se origina cuando se _____ el contrato de una trabajadora por producirse un _____ durante el embarazo.

6. Indique los motivos por los que se extingue el derecho a percibir el subsidio por riesgo durante el embarazo.

_____
_____
_____
_____

7. Complete el siguiente gráfico indicando cuáles son las pensiones que forman parte del Seguro Obligatorio de Vejez e Invalidez o SOVI:

```
┌──────────────────┐
│  Pensiones SOVI  │
└──────────────────┘
        │
        ├──┌──────────────────┐
        │  │                  │
        │  └──────────────────┘
        │
        ├──┌──────────────────┐
        │  │                  │
        │  └──────────────────┘
        │
        └──┌──────────────────┐
           │    Viudedad      │
           └──────────────────┘
```

8. **Complete la siguiente oración:**

Para percibir una pensión SOVI por vejez, se deben haber cumplido los ___ años de edad o 60 en casos de vejez por causa de incapacidad (incapacidad que debe ser _____ y total para la profesión habitual y no derivada de accidente de trabajo o de enfermedad _____).

9. **La pensión de carácter vitalicio que se concede a aquellos que hayan tenido vínculo matrimonial o fuesen pareja de hecho con el fallecido y reúnan los requisitos exigidos se denomina:**

    a. Pensión por jubilación.
    b. Pensión de orfandad.
    c. Pensión de viudedad.
    d. Auxilio por defunción.

10. **Indique quiénes pueden solicitar la ayuda de auxilio por defunción (siempre que hayan satisfecho los gastos de sepelio).**

_____
_____
_____
_____

Glosario

Afiliación a la Seguridad Social
Acto administrativo a través del cual la Tesorería General de la Seguridad Social reconoce como incluida a su sistema a una persona física que realiza por primera vez una actividad laboral (determinante de su inclusión).

Alta de un trabajador
Acto administrativo por el que se constituye la relación jurídica con la Seguridad Social.

Asistencia sanitaria
Tipo de protección ofrecido por el sistema de la Seguridad Social, cuya finalidad principal consiste en prestar los servicios médicos y farmacéuticos que sean necesarios para preservar o restablecer la salud de los ciudadanos y que esta esté óptima para poder desarrollar una actividad laboral.

Baja de un trabajador
Un acto administrativo donde, al contrario que en el alta, se extingue dicha relación jurídica con la Seguridad Social.

Contrato de trabajo
Acuerdo de voluntades entre dos partes, contratado y empleador, a través del cual se originan una serie de derechos y obligaciones para ambas partes. En el contrato de trabajo se establecen las condiciones que deben cumplir cada una de las partes durante la vigencia del mismo. Además, se establece también la entrega de una remuneración por parte del empresario al trabajador, a cambio de la prestación laboral de este.

Empresas de trabajo temporal (ETT)
Aquellas que tienen como actividad principal poner trabajadores contratados por ellas a disposición de otra empresa, siempre con carácter temporal.

Indemnización
Prestación económica ofrecida por el sistema de la Seguridad Social que solo se abona una vez por una misma causa y persona.

Indicador Público de Rentas de Efectos Múltiples (IPREM)
Indicador que se utiliza como referencia para establecer determinados importes de prestaciones y para determinar umbrales de acceso a ciertas prestaciones, beneficios y servicios sociales.

Instituto Nacional de la Seguridad Social (INSS)

Entidad gestora de la Seguridad Social que cuenta con personalidad jurídica propia y que se encuentra adscrita al ministerio. Se encarga de gestionar y administrar las prestaciones económicas del sistema de la Seguridad Social, exceptuando aquellas funciones cuya gestión esté asignada directamente al IMSERSO (Instituto de Mayores y Servicios Sociales) o a las comunidades autónomas.

Nivel contributivo

Aquel en el que se garantiza una protección adecuada en las contingencias y situaciones definidas legalmente a las personas comprendidas en el campo de aplicación de la prestación, por el hecho de desempeñar una actividad profesional, y a los familiares o asimilados que tuviesen a cargo.

Nivel no contributivo

Aquel que protege con prestaciones no contributivas a personas que, por cualquier causa, no han cotizado nunca o no lo suficiente para poder causar derecho a sus prestaciones y que, además, no disponen de recursos suficientes para mantener un nivel mínimo de vida.

Pensión

Prestación económica ofrecida por el sistema de la Seguridad Social, que se devenga periódicamente y se percibe de forma vitalicia o hasta llegar a una edad determinada.

Prestaciones económicas por incapacidad

Aquellas que se originan para cubrir situaciones de necesidad de los trabajadores causadas por la pérdida del salario de este en los casos en los que no puede desempeñar su actividad laboral.

Prestaciones familiares

Prestaciones que tienen como finalidad principal cubrir la situación de necesidad económica o de incremento de gastos de la familia originada por el nacimiento, acogida o adopción de hijos y por la existencia de determinadas responsabilidades familiares.

Prestaciones por muerte y supervivencia

Prestaciones creadas para cubrir situaciones de necesidad de terceros causadas por el fallecimiento de un trabajador (independientemente de las causas de dicho fallecimiento).

Salario mínimo interprofesional (SMI)

Indicador que establece el importe mínimo que debe percibir todo trabajador realizando una jornada laboral de trabajo, sin distinguir sexo o edad de los trabajadores e independientemente del tipo de contrato por el que desempeñen su trabajo.

Servicio Público de Empleo Estatal o SEPE

Organismo autónomo con adscripción ministerial, que forma, junto con los distintos servicios públicos de empleo de las Comunidades Autónomas, el Sistema Nacional de Empleo.

Subsidio

Prestación económica ofrecida por el sistema de la Seguridad Social que se devenga periódicamente y tiene una duración temporal.

Tesorería General de la Seguridad Social (TGSS)

Servicio común de la Seguridad Social que tiene personalidad jurídica propia y actúa bajo la tutela del ministerio. Por aplicación de los principios de solidaridad financiera y caja única, en la TGSS están unificados la administración financiera del sistema de la Seguridad Social y todos los recursos económicos.

Bibliografía

Monografías

▌ FERNANDEZ-LOMANA García, M.: *Ley General de la Seguridad Social.* Colección Tribunal Supremo. Madrid: Francis Lefevbre, 2022.

▌ MEGINO Fernández, D.: *Derecho del trabajo.* Madrid: Centro de Estudios Financieros (CEF), 2023.

▌ MARTIN Valverde, A. y GARCIA Murcia, J.: *Derecho del trabajo.* Madrid: Grupo Anaya, Editorial Tecnos, 2023.

▌ VV. AA.: *Curso de procedimiento laboral.* Madrid: Grupo Anaya, Editorial Tecnos, 2019.

▌ VV. AA.: *Memento Práctico Seguridad Social 2023.* Madrid: Francis Lefevbre, 2023.

▌ VV. AA.: *Memento Práctico Social 2023.* Madrid: Francis Lefevbre, 2023.

Legislación

▌ Ley 19/2021, de 20 de diciembre, por la que se establece el ingreso mínimo vital.

▌ Ley 16/2003, de 28 de mayo, de cohesión y calidad del Sistema Nacional de Salud.

▌ Real Decreto Legislativo 8/2015, de 30 de octubre, por el que se aprueba el texto refundido de la Ley General de la Seguridad Social.

- Real Decreto Legislativo 2/2015, de 23 de octubre, por el que se aprueba el texto refundido de la Ley del Estatuto de los Trabajadores.

- Real Decreto Legislativo 670/1987, de 30 de abril, por el que se aprueba el texto refundido de Ley de Clases Pasivas del Estado.

- Real Decreto-ley 2/2023, de 16 de marzo, de medidas urgentes para la ampliación de derechos de los pensionistas, la reducción de la brecha de género y el establecimiento de un nuevo marco de sostenibilidad del sistema público de pensiones.

- Real Decreto 453/2022, de 14 de junio, por el que se regula la determinación del hecho causante y los efectos económicos de la pensión de jubilación en su modalidad contributiva y de la prestación económica de ingreso mínimo vital, y se modifican diversos reglamentos del sistema de la Seguridad Social que regulan distintos ámbitos de la gestión.

- Real Decreto 625/2014, de 18 de julio, por el que se regulan determinados aspectos de la gestión y control de los procesos por incapacidad temporal en los primeros trescientos sesenta y cinco días de su duración.

- Real Decreto 625/1985, de 2 de abril, por el que se desarrolla la Ley 31/1984, de 2 de agosto, de Protección por Desempleo.

- Orden ESS/1187/2015, de 15 de junio, por la que se desarrolla el Real Decreto 625/2014, de 18 de julio, por el que se regulan determinados aspectos de la gestión y control de los procesos por incapacidad temporal en los primeros trescientos sesenta y cinco días de su duración.

- Orden ISM/2/2023, de 11 de enero, por la que se modifica la Orden ESS/1187/2015, de 15 de junio, por la que se desarrolla el Real Decreto 625/2014, de 18 de julio, por el que se regulan determinados aspectos de la gestión y control de los procesos por incapacidad temporal en los primeros trescientos sesenta y cinco días de su duración.

Textos electrónicos, bases de datos y programas informáticos

▌ Ministerio de Inclusión, Seguridad Social y Migraciones, de: <https://www.inclusion. gob.es/home>.

▌ Seguridad Social, de: <http://www.seg-social.es>.

▌ SEPE (Servicio Público de Empleo Estatal), de: <http://www.sepe.es>.